Leben!

Klett-Cotta

ULRIKE SAMMER

Verlust, Trauer und neue Freude

Wie Abschiednehmen gelingt

Klett-Cotta

Alle Bücher aus der Reihe »Leben«
finden sich unter
www.klett-cotta.de/leben

Klett-Cotta

www.klett-cotta.de

© by J. G. Cotta'sche Buchhandlung

Nachfolger GmbH, gegründet 1659, Stuttgart

Alle Rechte vorbehalten

Printed in Germany

Titelbild: © photocase/cydonna

Bilder innen: © photocase: S.14 DocStorm; S. 30 MissXJ; S. 64 zettberlin;
S. 80 Inuit; S. 100 carrat; S. 124 skyla80; S. 168 lily

Gesamtgestaltung: Weiß-Freiburg GmbH – Graphik & Buchgestaltung

Auf säure- und holzfreiem Werkdruckpapier gedruckt und gebunden von
Kösel, Krugzell

ISBN 978-3-608-86025-2

Bibliografische Information der Deutschen Nationalbibliothek

Die Deutsche Nationalbibliothek verzeichnet diese Publikation in der
Deutschen Nationalbibliografie; detaillierte bibliografische Daten sind im
Internet über http://dnb.d-nb.de abrufbar

Schnelleinstieg

Inhalt

Gott nimmt nicht die Lasten,
sondern stärkt die Schultern.
(Franz Grillparzer)

Vorwort

Verlust und Trauer haben mein eigenes Leben von klein auf begleitet, aber konnte ich mich jemals daran gewöhnen? Kann man sich überhaupt an Verlust, Tod und Trauer gewöhnen? Ich kann nicht gerade behaupten, dass diese Schicksalsschläge zu meinen »Freunden« geworden sind. Auch wenn man gezwungen ist, sich mit betrüblichen Tatsachen auseinanderzusetzen, so muss man sie dennoch nicht lieb gewinnen. Aber es gibt wenigstens ein paar Erfahrungen im Umgang mit Verlusten, auf die man zurückgreifen kann, wenn das Schicksal wieder einmal zuschlägt.

Auch wenn es einem jedes Mal das Herz zerreißen möchte, macht jeder Betroffene die Erfahrung, dass der Schmerz mit der Zeit besser wird. Wie nach einer Operation. Der alte Spruch »Die Zeit heilt Wunden« ist zwar abgedroschen, aber er stimmt trotzdem. Jedenfalls meistens …

Wie alle Menschen auf der Welt habe ich im Laufe der Zeit viele Freunde verloren. Die meisten, weil sich unsere Wege trennten (was bei meinen zahlreichen Umzügen um die halbe Welt notgedrungen war), manche auch, weil sie starben. Auch Tiere, die mich zumindest einige Jahre treu begleitet haben, sind in ihren »Tierhimmel« aufgestiegen. Ihr Verlust war manchmal sehr schlimm, denn sie hatten einen Teil meines Herzens bewohnt.

Der Verlust nahestehender Menschen ist jedoch in jedem Fall einschneidender als alle anderen, vor allem wenn sie ein wichtiger Teil des eigenen Lebens waren. Selbst der Onkel, der im Krieg gestorben ist, hat durch die permanente Trauer um ihn in meinen ersten Lebensjahren stark das häusliche Klima dominiert. Noch viel mehr der Tod meines geliebten Großvaters und einige Jahre später das dramatische Sterben meines Vaters durch seine Krebserkrankung. Aus dieser Zeit stammen meine eigenen Erfahrungen einer verdrängten und später verschleppten Trauer, über die später berichtet wird.

Es gab auch noch keinerlei Verständnis oder Hilfe für ein Kind oder ein halbwüchsiges Mädchen (das ich damals war), wie es mit dem Verlust umgehen soll. Jeder war bemüht, das Leben so weitergehen zu lassen wie vorher. So konnte weder ich noch meine Umgebung zu einer angemessenen Trauer finden.

Meine verstorbene Mutter, mit der ich sehr verbunden war, habe ich später oft vermisst, aber der mit Abstand schlimmste Verlust war der meiner Tochter. Hilflos zusehen zu müssen, wie der Krebs trotz mehrmaliger Operationen von ihr Besitz ergreift, brachte mich an meine Grenzen. Die Notwendigkeit, mit dem Schmerz zurechtzukommen, hat mich kreativ nach vielen Wegen suchen lassen. Für diese Herausforderung muss ich dankbar sein.

Über meine eigenen Erlebnisse hinaus hatte ich mit vielen Klienten in meiner psychotherapeutischen Praxis zu tun, die einen schmerzlichen Verlust zu verkraften hatten. Viel öfter erlebte ich aber Menschen, die eine (für sie) unerfindliche Wunde, eine Schwachstelle bei sich bemerkten und nicht wussten, dass es ein altes, noch immer unverarbeitetes, früheres Verlusttrauma in ihnen gibt. Auch ihnen sei mein Dank ausgesprochen, denn sie haben mir eine Menge Einsichten vermittelt.

Einleitung

Reaktionen nach Verlusten können viele verschiedene Gesichter haben.

Manche Menschen sind starr vor Entsetzen; andere sind unglaublich erleichtert, dass der Albtraum endlich ein Ende hat. Aus manchen Augen schießen die Tränen hervor und vernebeln den klaren Blick; bei anderen kippt die Trauer plötzlich und macht einem hysterischen Lachen Platz.

Manche sind wie in Trance; und andere schreien ihren Schmerz laut hinaus.

Manche sind ganz einfach still, in sich gekehrt, auf Rückzug von der Umwelt –

und andere wollen nur reden, reden und wieder reden. Manche fallen in Ohnmacht; andere scheinen völlig gefasst zu sein.

Manche werden so sehr in ein Chaos aus widerstreitenden Gefühlen gestürzt, dass sie sich selbst nicht mehr kennen; andere verhalten sich so, als ob nichts gewesen wäre. Bei manchen öffnet sich förmlich der Boden und sie stürzen in eine schwarze, bodenlose Untiefe; andere verdrängen den Verlust und nehmen ihn scheinbar nicht zur Kenntnis.

Viele verschiedene Reaktionen – und welche ist richtig?

Welche ist angemessen?

Kann man das überhaupt sagen?

Verluste sind ein Teil des Lebens, und sie finden dauernd und täglich bei jedem Einzelnen statt: wenn Beziehungen zerbrechen, wenn Menschen ihre geliebte Umgebung oder Orte der Erinnerung zurücklassen müssen, wenn ein Lebensabschnitt endet oder wenn man durch Krankheit seine gewohnte Unabhängigkeit und Lebensweise aufgeben muss. Manche Verluste sind nur klein und unspektakulär. Sie werden kaum wahrgenommen. Andere sind nicht zu übersehen und bieten durchaus Anlass, ein paar trübe Gedanken zu haben. Wieder andere sind dramatisch und fordern eine Neuorientierung. Jedenfalls begleiten Verluste unser ganzes Leben und man sollte eigentlich mit der Trauer, der adäquaten Reaktion auf einen Verlust, relativ vertraut sein.

Aber: Sie passt einfach nicht in unsere »Spaßgesellschaft«! Deshalb werden die dunklen Gefühle oft an den Rand der Wahrnehmung gedrängt oder ignoriert. Es gibt wenig passende Rituale zu ihrer Verarbeitung und, sofern der Verlust nicht außerordentlich ist, wird er nicht wichtig genommen. Das rächt sich!

Wir werden uns in diesem Buch vor allem dem Abschied zuwenden, der keinen Stein auf dem anderen lässt. Aber auch jene Menschen, deren Verlust von niemandem in seiner Tragweite verstanden wird, sollen sich hier wiederfinden können. Ich will deshalb Verlust, Trauer und auch die vielfältigen anderen Reaktionen auf die kleinen, mittleren und großen Brüche im Lebensverlauf im Bewusstsein erweitern, weil es klar werden soll, dass man sie ernst nehmen muss. Wir wissen aus der Psychologie: Was nicht thematisiert wird, ist für viele Menschen nicht vorhanden. Und was nicht vorhanden ist, bekommt weder Hilfe, Verständnis noch Muster, um damit förderlich umzugehen.

Förderlich umgehen heißt: Möglichst schon beizeiten, aber jedenfalls nach einem Verlust und einer erfolgreichen Trauerarbeit lernen, sich von Vergangenem abzulösen und sich selbst die Chance eines Neuanfanges zu geben.

TEIL A
Verlust – eine unfreiwillige und unwiederbringliche Trennung

DAS SCHICKSAL HAT manchmal schwere Aufgaben bereit, die die Betroffenen wie ein Keulenschlag treffen. Sie können sich nicht auf eine Loslösung vorbereiten, nicht mehr frei wählen, ob sie sich von einem Menschen oder einer Situation trennen wollen oder lieber doch nicht. Diese Entscheidung übernimmt das Schicksal ein für alle Mal. Es entreißt den Betroffenen etwas, das ihnen lieb und wert war und ist. Diese erzwungene und vor allem endgültige Trennung nennt man Verlust.

Wenn bei einer freiwilligen Trennung auch immer noch die Möglichkeit einer Änderung, einer Wiedervereinigung, einer neu angepassten Beziehung mitgedacht werden kann, ist ein Verlust etwas absolut Endgültiges. *Das Verlorene kommt mit Sicherheit nie mehr wieder.* Dazu kommt das Gefühl des *Vermissens*. Man verbindet gedanklich mit dem Verlust eine Verschlechterung der eigenen Lebensverhältnisse (auch wenn diese Folgen mitunter nur fantasiert oder befürchtet werden).

Verluste können jedenfalls manchmal sehr schnell das Leben durcheinanderbringen. Eine bleierne Schwere, ein dunkler Schatten, Einsamkeit, Beklemmung und Finsternis legen sich über den betroffenen Menschen. Verlust ist aber (wie jeder weiß) nicht gleich Verlust. Viele Faktoren spielen dabei eine Rolle. Je nachdem welchen Platz ein Mensch, Tier, Ding im Herzen zugewiesen bekam, fällt auch das Gefühl des Verlustes aus. Dort, wo die Beziehungen innerlich beheimatet sind (symbolisch im Herzen, tatsächlich aber im Gehirn), ist ein Platz plötzlich leer. Ein Außenstehender kann meistens nicht ermessen, was der Verlust für jemanden bedeutet, und es gibt jede Menge *Missverständnisse* auf diesem Gebiet. Daher beklagen auch entsprechend viele Menschen, die gerade einen Verlust erlebten, dass sie keiner verstehe. Meistens sind die gut gemeinten Trostworte in Wahrheit ziemlich unpassend. So wird

➜ einer jungen Frau nach einer Fehlgeburt geraten, sich doch ein »neues« Baby anzuschaffen (ohne zu ahnen, welcher Traum dabei zu Bruch ging);

➜ entsprechende Ratschläge gibt es beim Tod eines Hundes (ohne zu wissen, dass er in Wirklichkeit der einzige Freund war)

➜ und, ein Beispiel aus dem eigenen Umfeld: Niemand reagierte mit Mitgefühl, als die Firma eines Freundes in Konkurs gehen musste, weil dieser Umstand in der heutigen Geschäftswelt doch nichts Besonderes ist. Dass diese Firma der einzige Lieferant für das Selbstwertgefühl dieses Mannes war und er sich nun als völlige »Null« fühlte, konnte niemand ahnen.

Während des ganzen Lebens gibt es Verluste ohne Zahl. Um eine Vorstellung von der Fülle der Verlusterfahrungen zu geben, seien hier einige beispielhaft genannt. Je nachdem, wie beeindruckt sich die Umwelt zeigt, ist ihre Reihung:

1. Dramatische Verluste

Manche Verluste sind so dramatisch, dass sie unschwer in ihrer Tragweite, der Fassungslosigkeit und dem Schmerz von fast jedem Menschen nachvollziehbar sind. *An erster Stelle steht die Verlusterfahrung beim Tod eines nahestehenden Menschen.* Sie ist einerseits besonders schwerwiegend, andererseits auch besonders häufig und selbstverständlich. Fast jeder von uns hat schon die Erfahrung gemacht, ein »Hinterbliebener« zu sein. Die Trauer nach einem Todesfall wird einen gewichtigen Teil dieses Buches ausmachen. Aber nicht nur der Tod reißt Beziehungen von Menschen, *die jahrelang ein Vertrauensverhältnis zueinander aufgebaut haben,* auseinander. Fürchterliche und grausame *Außenbedingungen, wie Kriege und Flucht, Vertreibung oder Auswanderung* – Teile der Familie oder Freunde driften auseinander. Der Abriss der gewohnten Beziehung zeigt das Ende eines Lebensabschnitts an. Anstelle des Alten bleibt manchmal eine furchtbare Leere.

Mitunter verlassen die erwachsen gewordenen Kinder ihre Eltern und ziehen in ein fernes Land. Wenn sie vermutlich auch ihre Gründe dafür haben – die Eltern leiden, wenn ihre Liebe kein wirkliches Gegenüber mehr hat, weil sich der Nachwuchs Tausende von Kilometern entfernt hat.

Der Verlust eines Menschen führt immer auch zu einer Identitätskrise. Das Selbstbild, das man von sich hat, als jemand, der in einer bestimmten Beziehung lebt, zerfällt plötzlich. Und auch das Bild, das die Umwelt von einem hat, wandelt sich schlagartig. Identität muss immer auch von außen gespiegelt werden: Wenn man sein Kind durch den Tod verliert, ist man für sich und die anderen von einem Tag auf den andern nicht mehr »Mutter« oder »Vater«. Wenn man seinen Ehepartner verliert, ist man Witwe oder Witwer und wird auch von der Umwelt dementsprechend anders gesehen. Wenn man in jüngeren Jahren einen Elternteil verliert, wird man »Waise« genannt und merkt, dass mit dieser Tatsache ganz andere Gefühle verbunden sind.

Etwas, das man gar nicht so einfach fassen kann, hat sich verändert. Es bleibt sozusagen »kein Stein auf dem anderen«. Alle früher verbundenen Anteile des Selbst müssen nun neu geordnet werden. Das kann allerdings auch eine Chance sein …

Schließlich kommen wir zu Verlusten, die zwar weit über das Alltägliche hinausgehen und heftige Trauer auslösen, aber trotzdem kommen sie in der Trauerliteratur bisher nicht vor: der Verlust von Sinnesorganen oder Körperteilen, von Beweglichkeit, von Fähigkeiten und Fertigkeiten.

Der Körper ist erwiesenermaßen der Träger vieler Aspekte des Selbstwertes und der Identität. Man erlebt sich mit einem jugendlichen oder schon etwas älteren Körper ausgestattet, stark oder schwach, gesund oder krank, mit voll funktionstüchtigen Sinnesorganen oder solchen, die einem den Dienst versagt haben. Manchmal verabschiedet man sich langsam von seinen körperlichen Fähigkeiten und kann sich so an einen gewissen Verfall gewöhnen. Froh macht es trotzdem niemanden. Besonders schmerzlich ist es aber, wenn durch einen Unfall oder einen dramatischen Krankheitsschub ein bislang wichtiger Körperteil seine Funktion aufgibt oder amputiert werden muss. Ein Bein oder einen Arm zu verlieren, verändert meist das ganze Leben. Der erlernte Beruf kann in der Regel nicht mehr ausgeübt werden, und man ist von einem Tag auf den anderen auf Hilfe angewiesen. Das ist für die meisten sehr schwer verkraftbar. Menschen, die einen Schlaganfall erlitten und dabei ihre Fähigkeit sich mitzuteilen verloren haben, können sich manchmal ihr ganzes Leben lang nicht damit abfinden. Ebenso tragisch ist es, das Augenlicht oder das Gehör zu verlieren, wenn man nicht seit Geburt an diesen Mangel gewöhnt ist. Es braucht eine lange Zeit der Umstrukturierung, um zu lernen, über andere Kanäle wahrzunehmen und das Leben auch manchmal zu genießen.

Plötzliche Eingriffe ins Leben, die die Betroffenen in ihrem Lebensradius reduzieren oder manchmal sogar für immer ans Bett fesseln, sind eine harte Probe. Es ist sehr schwer, sich trotzdem als lebenswert und liebenswert zu erleben.

Schließlich gibt es noch jene folgenschweren, dramatischen Verluste, wenn jemand gezwungen ist oder wird, seine Heimat zu verlassen. Nicht nur der Verlust der vertrauten Menschen (wie oben beschrieben), sondern auch der Verlust von »Hab und Gut« und dem Stück Boden, wo man förmlich seine Wurzeln hat, sind kaum zu ertragen. Millionen von Vertriebenen und Verfolgten wissen ein trauriges Lied davon zu singen: von den erlittenen Ungerechtigkeiten, Demütigungen und erlebtem Gräuel, die rund um die Enteignungen passierten. Es wird »Glück« genannt, wenn jemand mit dem Leben davonkam, »Glück«, in ein anderes Land zu gelangen, in dem man nicht willkommen ist. Nun sprechen alle eine fremde Sprache, haben fremde Sitten und Gebräuche und warten bestimmt nicht auf jemanden mit genau jener Qualifikation, die der Vertriebene mitbringt. Der Verlust des Ansehens, der Fremdenhass, das erbärmliche Leben in einer notdürftigen Unterkunft – wie viel Verlust kann ein Mensch verkraften?

2. Die seelischen Qualen im Verborgenen

Neben diesen dramatischen Veränderungen gibt es auch kleinere oder zumindest solche, die für die Umgebung unwesentlich erscheinen. Niemand weiß aber, was diese Verluste für die Betroffenen selbst bedeuten. Meist spielt sich die Trauer im Verborgenen ab. Es wird nicht gern darüber gesprochen, weil nicht sehr viel Mitgefühl zu erwarten ist. Am meisten Verständnis gibt es allenfalls noch beim *Verlust eines Haustieres*. Ein tierischer Mitbewohner ist sehr oft die Nummer eins im Herzen seines Besitzers. Ich kenne etliche Menschen, die zu Hund, Katze, Vogel, Meerschweinchen oder Pferd eine wesentlich innigere Beziehung als zu einem Mitmenschen aufgebaut haben. Der Verlust des tierischen Freundes kann oft eine enorme Trauerreaktion auslösen. Die Gedanken kreisen ununterbrochen um die Erlebnisse der Vergangenheit, und Wehmut breitet sich aus, dass man nie mehr mit dem geliebten Tier etwas gemeinsam erleben kann. Besonders bei älteren Menschen, die lange Zeit mit einem Tier gelebt haben, ist der Verlust überaus schmerzlich. Es ist Vertrauter, Liebespartner, Beschützer, Kindersatz und vieles mehr. Auch für Kinder ist ein Haustier oft mit Bedeutungen besetzt, die andere nicht ahnen.

 Ingrid hatte einen Hund, den sie ganz auf sich abgerichtet hatte. Er war ihr Ein und Alles, aber er musste ihr auch wie ein Sklave untertan sein. Der Hund gab ihr ein Gefühl der Macht und Stärke, außerdem strahlte er Sicherheit aus. Wenn er Ingrid gut beschützte, wurde er mit großer, hingebungsvoller Liebe belohnt. Als dieser Hund starb, brach für Ingrid eine Welt zusammen. Weder ihr Ehemann noch Freunde und Verwandte hatten jemals so einen großen Platz in ihrem Herzen »bewohnt«. Dementsprechend groß war die Lücke, die der Tod des Hundes hinterließ.
Nur durch gezielte Psychotherapie konnte die Trauer schließlich einigermaßen aufgelöst werden.

Nun kommen wir zu Verlusten, die keineswegs alltäglich sind, auch wenn sie immer wieder vorkommen können. Nicht jeder ist genötigt, einen *Verlust des Arbeitsplatzes* oder von *gesellschaftlichem Ansehen* durch die Veränderung der Lebensverhältnisse verkraften zu müssen.

In wirtschaftlichen Krisenzeiten (wie der gegenwärtigen) passiert es aber quer durch alle Gesellschaftsschichten, dass die eigene Arbeitsstelle von einem Tag auf den anderen gestrichen wird. Das ist in vielfältiger Weise ein großer Einbruch in das gewohnte Leben. Dazu kommt vor allem bei Männern oft ein Gefühl der Scham. Sie können ihre Leistungsfähigkeit nicht unter Beweis stellen, und die ihnen wichtig erscheinenden Statussymbole werden sie sich auch bald nicht mehr leisten können. Das Leben draußen erscheint ihnen wie ein Film, an dem sie nicht mehr teilhaben können. Sie haben den Eindruck, »als die, die sie sind, oder so, wie sie sind, nicht in Ordnung zu sein«. Sie schämen sich vor den anderen und schließlich auch vor sich selbst.

Hubert hat sich in seiner Firma eine gehobene Position erarbeitet. Er verdient gut und kann sich mit seiner Familie ein hübsches kleines Haus im Grünen leisten. In seiner Freizeit engagiert er sich sowohl im Tennisverein als auch auf dem Golfplatz. Man kann sagen, dass er wirklich angesehen ist. Eines Tages geht die Firma in Konkurs und Hubert verliert dadurch seinen Job. Da er die Miete für das Haus nicht mehr aufbringen kann, muss die Familie umziehen. Der Kontakt zum Tennisverein bricht ab, und Golf wird ebenso zum unerschwinglichen Luxus. So ist nicht nur die Arbeit weg, sondern auch die gesellschaftliche Stellung in der gewohnten Umgebung.

Jeder Mensch versucht, sich wenigstens ein paar Fixpunkte in seinem Leben zu schaffen. Freundschaften und Beziehungen sind in manchen Ländern das Allerwichtigste. Deshalb trachtet man danach, sich einiges davon aufzubauen: Ansehen, Kontakte, Netzwerke. Diese hängen aber häufig mit bestimmten Lebensumständen zusammen. Tief greifende Veränderungen hinterlassen oft große Wunden. »Die anderen«, deren Idealen man plötzlich nicht mehr gerecht zu werden glaubt, bekommen im Geiste eine unverhältnismäßig große Macht.

Das Leben verlangt heutzutage eine große Portion Flexibilität. Durch erzwungene Umzüge sind viele jedoch reichlich überfordert. Der Verlust der gewohnten Umgebung kann orientierungslos machen und zu Depressionen führen.

Melanie hat große Probleme mit ihren Beinen. Als sie nicht mehr allein den Haushalt versorgen kann, beschließt ihre (in einer anderen Stadt wohnende) Tochter, dass es am besten wäre, wenn ihre Mutter in eine Pflegeeinrichtung übersiedelt. Melanie sitzt nun untätig und depressiv in ihrem hübschen Zimmer im Pensionistenheim. Sie kann es nicht verwinden, aus ihrem gewohnten Umfeld herausgerissen zu sein, und ist psychisch nicht in der Lage, an den vielfältigen Angeboten des Heimes teilzunehmen.

Es ist bekannt, dass ein Verlust des Zimmers, der Wohnung, des Hauses und der Gemeinde schlechter verkraftet wird, je älter die Betroffenen sind. Ältere Menschen orientieren sich in vielfältigster Weise. Wenn der gewohnte Blick, aber auch die stets gleichen Schritte in ihrer nahen Umgebung wegfallen, fühlen sie sich ziemlich hilflos.

Erwachsene im Vollbesitz ihrer Kräfte kommen am besten mit einer Wohnortveränderung zurecht, aber für Kinder scheint es eine große Belastung zu sein. Erhebungen haben ergeben, dass für sie ein Wohnungswechsel gleich nach der Trennung der Eltern an zweiter Stelle in der Liste der negativen Veränderungen kommt. Wenn eine Familie umzieht, begleitet eine gewisse Euphorie dieses Unterfangen. Ohne den motivierenden Schwung würden die vielen zusätzlichen Arbeiten wie Aussortieren, Einpacken und wieder Auspacken kaum bewältigt werden. Meist wird dabei der Abschied übersehen oder zumindest nicht angesprochen. Themen, die nicht klar ausgesprochen werden, sind für Kinder und die meisten Erwachsenen nicht existent. Zumindest bedeutet es, dass dieser Abschied offenbar nicht wichtig ist und man ihn daher möglichst schnell vergessen sollte.

Erst wenn die Anzahl der Umzüge außergewöhnlich groß ist (wie etwa bei Diplomaten oder Mitarbeitern einer weltweiten Firma, die rund um die Erde geschickt werden), fällt es auf, wie entwurzelt diese Menschen und ihre Familien sind.

Manchmal sind Umzüge außerdem durch missliche Umstände belastet: wenn man sich die teure Villa nicht mehr leisten kann oder wegen einer Scheidung ausziehen muss.

Psychisch eng verknüpft mit dem Stress einer örtlichen Verpflanzung ist auch der allgemeine Verlust an beruflicher Sicherheit. Flexibilität im Berufsleben ist heute immer mehr die Norm. Laut einer Erhebung muss ein junger Amerikaner nach durchschnittlich zwei Jahren Studium damit rechnen, dass er in seinem nachfolgenden 40-jährigen Berufsleben elf Mal seinen Job wechseln wird und dabei dreimal eine andere Kenntnisebene erlangen wird müssen. Sicherheit, dass und wie er sein nötiges Geld verdienen kann, gehört nicht mehr zu seinem Alltag.

Auch bei uns verliert sich die berufliche Sicherheit immer mehr. Der Arbeitnehmer, der von seiner Jugend bis zur Pension in der gleichen Branche arbeitet, wird zur Seltenheit. Das bedeutet, dass langfristige Berufsziele immer weniger zum Zug kommen. Außer den materiellen Krisen bei Erwerbslosigkeit und dem Verlust einer realistischen Zukunftsplanung gibt es auch noch sozialpsychologische Auswirkungen: Solidarität und Loyalität dem Arbeitgeber und den Mitarbeitern gegenüber lösen sich langsam auf oder haben sich manchmal gar nicht entwickelt. Zum Aufbau einer Identifikation mit der Firma und haltbaren Beziehungen unter Kollegen braucht es offenbar eine längere kontinuierliche Zeit der Zusammenarbeit.

Haben sich die Menschen nun daran gewöhnt, dass es diese Werte nicht mehr so wie früher gibt?

Nein – wenn man sie nach ihren Wünschen für das zukünftige Leben fragt, erfährt man, dass sie Sicherheit als ein hohes Gut einschätzen. Wo kommt das zum Tragen? Vielleicht verlagert sich das Bedürfnis nach Sicherheit auf andere Gebiete als auf den Beruf.

Sicherheit kann aber noch viel tief greifender als im normalen modernen Alltag verloren gehen. Menschen, die eine Naturkatastrophe erlebt haben, haben das Gefühl von Sicherheit meist für ihr ganzes Leben verloren.

3. Die Verluste des Alltags

Nun aber kommen wir zu Verlusten, die nichts mit einem bösen Schicksal zu tun haben – es sind die Abschiede, die jeder durchzumachen hat. Aber trotz ihrer Alltäglichkeit lösen sie meist sehr starke Trauer aus. Wie wir sehen werden, sind diese alltäglichen Verluste Anlass, sich mit dem nötigen »Loslassen« konkret auseinanderzusetzen. Nicht jeder schafft es allerdings, diese Aufgabe zu bewältigen.

Der *Wechsel von einem Lebensabschnitt in einen anderen* ist häufig von sehr ambivalenten Gefühlen begleitet. Kinder sind vermutlich die Einzigen, die sich darauf freuen, endlich erwachsen zu werden, aber in anderen Lebensphasen wird von der Zukunft nichts Besseres erwartet. Manche Menschen versuchen so lange wie möglich zu verleugnen, dass sie jeden Tag älter werden und sich sowohl ihre Rolle in der Gesellschaft als auch ihre Befindlichkeit verändern.

Es war manchmal unglaublich, wenn ich in der Psychotherapie erlebte, wie Menschen sich mit Jahrzehnte zurückliegenden Zeiten vergleichen.

»Das habe ich als 18-Jähriger doch gekonnt!«
»Damals ist mir das doch ganz leichtgefallen!«
»Ich will wieder so lachen können wie in meiner Jugend!« ...

Warum ist das so? Warum vergleicht ein 50-Jähriger sein Leben nicht mit jenem vor einem Jahr, sondern mit dem vor 30 Jahren? Warum werden innere Bilder und Illusionen hartnäckig mitgetragen? Warum werden sie nicht durch neue Erfahrungen immer wieder modifiziert? Warum merken Menschen erst mit Eintritt ins Pensionsalter oder in den Wechseljahren, dass sie älter geworden sind? Warum ist es so schwer, täglich die vielen kleinen schmerzvollen Abschiede vom Vertrauten zu durchleben und zu verarbeiten?

Darauf gibt es eine einfache Antwort: Sich mit der Realität der Veränderung auseinanderzusetzen, macht Angst. Es ist offenbar einfacher, sich mit Illusionen zu betäuben. Männer schauen jahrelang nie richtig in den Spiegel, sonst könnten sie ja sehen, dass sie dicker oder faltiger werden und sich das Gewebe am ganzen Körper nach unten verlagert. Sie müssten wahrnehmen, dass nicht nur die Frauen älter werden, sondern auch sie selbst. Frauen nehmen zwar die Veränderung ihres Aussehens schmerzlich zur Kenntnis, dafür belügen sie sich in anderer Weise – manchmal, indem sie Kompetenzen, aber auch Amtswege, Bankgeschäfte und dergleichen gerne an ihre Männer abgeben, völlig aus der Übung kommen und sich aber gleichzeitig einreden, dass sie alles auch selbst könnten. Andere bilden sich ein, dass sie zu rauchen oder zu trinken aufhören könnten, wann immer sie wollten, oder auch auf Anhieb eine größere Bergbesteigung machen könnten.

Haben sie es ausprobiert? Natürlich nicht! Und warum nicht? Weil sie sonst ein Stück ihrer Grandiosität verabschieden müssten, und das tut verdammt weh! Das ist also der Grund, warum es besonderen Mut abverlangt, wenn man immer wieder an seine Grenzen geht und realisiert, dass man jedes Jahr ein bisschen altert, schwächer, kranker, starrköpfiger wird, das Gedächtnis, die allgemeine Leistungsfähigkeit und die sexuelle Attraktivität nachlassen und der »Marktwert« sinkt. Sehr schmerzlich, aber wahr!

Das mittlere Alter hat einiges an »Loslass-Übungen« auf Lager.

Der »Abstieg« vom Zenit des Lebens ist bestimmt nicht angenehm. Die Werbung erklärt die Jugendlichen zu ihrer Lieblingszielgruppe. Alle anderen werden »links liegen gelassen« und abgewertet. Wen wundert es da, wenn viele so tun, als ob sie »ewig« jung bleiben könnten.

Die 58-jährige Edith berichtet:

»Ich habe ein Stück meiner Jugendlichkeit verloren. Es macht *nicht gerade froh zu erleben, wie sich die Körperformen lang-*

sam verändern. Ich muss von Zeit zu Zeit mein ganzes Selbstvertgefühl zusammennehmen, um nicht in diesem Jammerhor vieler Frauen über die Falten und die Figur mit einzustimmen. Ich finde es erbärmlich, wenn man seine weibliche Identität nur am jugendlichen Aussehen festmacht.«

Die Aufgabe des Alters heißt demnach: *Ich muss mich endlich selbst annehmen, sonst werde ich verbittert mein Leben zu Ende führen!*

Wenn man ältere Menschen nach ihren Ängsten fragt, so führen sie vor allem die Angst vor Krankheit, Hilflosigkeit, Abhängigkeit und Einsamkeit an. Sie wünschen sich von ihrer Umgebung eine liebevolle Hilfe bei der Selbstannahme. Diese könnte durch eine besondere Wertschätzung der Reife und Erfahrung vermittelt werden. Die jüngere Generation sollte der älteren vermitteln, dass das schrittweise Loslassen der Verantwortungen im stressigen Alltag unserer Zeit nicht einem Versinken im »Nichts« gleichkommt.

Große Trauer löst regelmäßig der *Verlust von Eigenständigkeit und Selbstbestimmung* aus (und zwar nicht nur bei alten Menschen).

Die Eigenständigkeit gehört zu den wichtigsten Zielvorstellungen jedes Menschen seit der kindlichen Trotzphase. Schon die Kleinen bestehen darauf: »Selber machen!«

Im Gegensatz zu anderen Kulturen, wo zumindest die Frauen ihre Unfreiheit als normal empfinden, gilt Abhängigkeit in unseren Breiten als ein Schreckgespenst. Bei uns assoziiert man sie meist mit Krankheit und Alter, also mit Lebensabschnitten, in denen man auf Hilfe angewiesen ist.

Gerade Menschen, die mit »beiden Beinen auf dem Boden stehen«, können Hilfe oft schwer annehmen. Wenn sie aufgrund eines Krankenhausaufenthaltes ihrer Eigenständigkeit und Mitbestimmung beraubt werden, leiden sie manchmal mehr an diesen Umständen als an ihren Schmerzen.

Wer also durch Krankheit oder andere Umstände seine erwachsenen Rechte der Eigenständigkeit verliert, kann sich selten damit abfinden und betrauert sich und sein Leben.

Helmut hatte als Chef seiner Firma zwar eine Menge Verantwortung zu tragen, aber er genoss es auch, »das Sagen« zu haben. Es tat gut, Menschen unter sich zu haben, die manche ungeliebte Arbeit verrichteten, und es tat auch gut, mitunter seinen Launen freien Lauf lassen zu können, ohne dass sich jemand zu wehren traute.
In seiner Freizeit liebte Helmut betont »männliche« Hobbys. Er fuhr gern schnelle Motorräder, betrieb Kraftsport und war in einem Sportschützenverein.
Ein Schlaganfall beendete von einem Tag auf den anderen seine gewohnte Lebensführung.
Neben Schwindelanfällen blieben vor allem motorische Störungen. Die Sprachkompetenz kam nach einiger Zeit zum Teil wieder, aber Helmut konnte sich kaum verständlich artikulieren. Die Suppe lief ihm aus dem hängenden Mundwinkel, und er konnte sich nur mühsam mit seinem lahmen Bein weiterschleppen. Morgens in den Spiegel zu sehen, geriet für Helmut zur Qual. Am liebsten hätte er alle Spiegel zerschlagen, wenn er nur die Kraft dazu gehabt hätte. Helmuts Frau musste beim Baden, Anziehen, Essen, ja selbst auf der Toilette helfen. Aber Helmut dankte es ihr nicht. Er war so voll Trauer und Hass auf sich selbst, dass ihm kein freundliches Wort über die Lippen kam.

Wenn auch das normale Älterwerden nicht so dramatisch verläuft wie der oben beschriebene Schlaganfall – es bringt trotzdem unausweichlich Verluste. Die Reihen der Freunde lichten sich, und sowohl Energie als auch Gesundheit werden rare Güter. Irgendwann ist man nicht mehr in der Lage, seine Termine zu überblicken, Ordnung in den Bankgeschäften zu halten und sich selbst zu versorgen. Es muss plötzlich jemanden geben, der diese Belange übernimmt. Die Zeit der Eigenständigkeit und Selbstbestimmung ist vorbei. Wird das Älterwerden deshalb selbst zu einer traurigen Erfahrung? Und: Wie können wir im Alter so mit der Trauer umgehen, dass dies nicht zu Verbitterung, zu Zynismus oder Resignation führt?

Psychotherapeuten oder Sozialarbeiter (in Heimen) können helfen, den unerbittlichen, »inneren Kritiker« auszutricksen. Dieser innere Kritiker vergleicht nämlich überaus ungerecht mit den Fertigkeiten und Möglichkeiten, die man Jahre zuvor hatte. Er bemerkt nur die Defizite. Ich kenne eine Reihe von alten Menschen, die sich ständig innerlich selbst beschimpfen, weil sie vieles nicht mehr können oder vergessen.

In einem Umdenkprozess geht es nun darum, ein richtiges, *neues Maß an Ansprüchen* an sich zu stellen. Dieses Maß sollte möglichst oft »neu eingestellt« werden. Es sollen natürlich nicht alle Ziele aufgegeben und Anstrengungen vermieden werden. Aber es ist sinnvoll, die alte Messlatte zu überprüfen. Vielleicht ist sie in Wirklichkeit schon seit Langem unbrauchbar. Das neue Maß soll die Möglichkeit enthalten, mit den eigenen Leistungen zufrieden zu sein und die Grenzen anzuerkennen. Das Älterwerden ist eine Chance, sich eine Frage zu stellen, die oftmals schon lange fällig war und für manche Menschen sehr ungewohnt ist: Wie wertvoll und liebenswert kann ich mich erleben, auch wenn ich weniger leiste ...?

Diese Frage ist natürlich auch bei allen chronischen Krankheiten sinnvoll.

Da es in unserer Leistungsgesellschaft sehr schwierig ist, zu einer neuen Wertschätzung zu kommen, wäre es gut, wenn ein Mensch des Vertrauens stützend vorhanden wäre und immer wieder ausspräche, welche positiven Lebensaspekte es (noch) gibt.

TEIL B
Der Verlust eines nahestehenden Menschen

DER TOD EINES nahestehenden Menschen gilt als das einschneidendste und folgenreichste Verlusterlebnis in einem Beziehungsgeflecht. In den folgenden zwei Kapiteln wollen wir uns ausschließlich mit dieser Situation auseinandersetzen.

1. Ein Lebensende kündigt sich an

Was Angehörige erleben

Verluste von Menschen können allmählich oder plötzlich und unerwartet eintreten.

Wenn eine länger dauernde Krankheit die Umwelt schon eine Zeit lang auf ein endgültiges »Lebewohl« vorbereitet, läuft der gesamte Ablösungsprozess natürlich anders ab, als wenn man von einem Tag auf den anderen vor vollendete Tatsachen gestellt wird. Das ist bei einer Übersiedlung in ein anderes Land nicht anders als bei einem langsamen Abschied von einem Menschen. Wie verläuft ein nach allen Seiten belastender Ablösungsprozess während einer schweren Krankheit oder angesichts des »Verlöschens« einer betagten Person? In der Regel wissen die Familienangehörigen und allenfalls auch einige Freunde um den tödlichen Ausgang. Man spricht in diesem Fall von einem »*vorhersehbaren Tod*«. Allein die Tatsache, mit dem möglichen Ende einer kranken oder alten Person konfrontiert zu sein, löst eine Trauerreaktion aus. Diese wird als »*antizipatorische (vorweggenommene) Trauer*« bezeichnet. Der langsame Prozess des Abschieds ist eine Anpassungsreaktion an die sich verändernden Umstände. Die Trauer nach dem tatsächlichen Eintreten des Todes wird meistens nicht vollständig vorweggenommen, aber doch wesentlich gemildert. Die verschiedenen Stufen der Reaktion (die später geschildert werden) gehen langsamer ineinander über.

Bereits zu Lebzeiten wird also Abschied genommen. Wenn man genau hinsieht, haben sich die Menschen der Umgebung schon längst, Tag für Tag, von der gewohnten Persönlichkeit des Kranken verabschiedet. Jeden Tag geht ein kleines Stück von der Kraft, die man einst so schätzte, verloren. Das erfüllt viele mit Trauer.

Die psychische Reaktion der antizipatorischen Trauer bezieht sich aber nicht nur auf den Abschied, sondern auf eine Trauer, die auf besondere Weise umfassend ist. Alle vergangenen und gegenwärtigen Verluste stehen vor dem geistigen Auge auf und wollen innerlich verarbeitet werden. Selbst der eigene Tod und seine möglichen Umstände drängen sich ins Bewusstsein und können sehr starke Gefühle auslösen – weitaus stärker, als man mit dem drohenden Verlust des Kranken oder Alten in Verbindung bringen würde. In diesem Fall tritt eine »Überreaktion« auf, die deutlich macht, dass es möglicherweise auch unverarbeitete oder schlecht verheilte, seelische Schmerzen aus früheren Zeiten gibt. Mancher ist von seiner Reaktion zu diesem Zeitpunkt selbst überrascht. Diese Zeit des Abschieds ist jene, in der man die letzte Chance ergreifen könnte oder sollte, familiäre Probleme zu klären. Das ist erwiesenermaßen sehr schwierig und emotional aufwühlend, aber manche können es sich im Nachhinein ein Leben lang nicht verzeihen, wenn sie diese letzte Gelegenheit ungenützt verstreichen ließen. Familienschicksale wurden und werden an einem Kranken- oder Totenbett mitunter sehr verändert und nehmen einen ganz anderen Lauf. Viele Filme und Romane handeln von Versprechen, die später schwer zu halten sind, aber denen sich die meisten Menschen absolut verpflichtet fühlen. Man hat eine Ahnung von Ewigkeit bei diesen Schwüren, und sie zu brechen kommt einem schweren Vergehen gleich.

Gespräche mit Todkranken und Sterbenden haben das Ziel, die letzte schwierige Phase im Leben so erträglich wie möglich zu machen. Erfolg und Misserfolg hängen wie sonst kaum von der Behutsamkeit der Worte, einer größtmöglichen Einfühlung und von Grundkenntnissen über die psychologischen Reaktionsmuster sterbender Menschen ab.

Den Grundstein zum vertieften Verständnis seelischer Vorgänge bei Todkranken und Sterbenden hat Elisabeth Kübler-Ross durch ihre Forschungen über Tod und Sterben gelegt. Es ist ihr in Gesprächen mit Hunderten von todgeweihten und sterbenden Kranken gelungen aufzuzeigen, dass Menschen in diesem letzten Abschnitt ihres Lebens bestimmte Phasen durchlaufen.

Die Welt des Sterbenden ist oft voller Ängste. Eine der wichtigsten Aufgaben von Angehörigen und medizinischem Personal ist es, diese Ängste nicht noch zu vermehren, sondern wenn möglich zu reduzieren. Dazu zählt, dass die Angst nicht durch ungeschickte oder unklare Worte, überflüssige Untersuchungen, Verschleierungstaktiken und Entzug der menschlichen Zuwendung vermehrt wird und dass die Mechanismen der Angst erkannt werden. Jedenfalls sollten die Aufklärung und der Informationsstand vom Kranken und den Angehörigen möglichst wenig voneinander abweichen. Ganz negativ wirkt es sich aus, wenn dem Sterbenden vom behandelnden Arzt wichtige Informationen vorenthalten werden, während gleichzeitig die Angehörigen über Gebühr informiert und dadurch auch emotional überfordert werden.

Warum ist der Umgang mit Sterbenden so schwer zu bewältigen?

Der Tod hat die Menschen zwar zu allen Zeiten mit Angst erfüllt, aber zu keiner Zeit war Sterben so sehr zum Tabuthema geworden wie heute. Das Gefühl der Ohnmacht scheint für viele unerträglich zu sein.

Das Ziel der Kontakte der Angehörigen ist es, die Einsamkeit zu nehmen, Ängste abzubauen und ungerechtfertigt erscheinende »negative Gefühle« des Sterbenden zu akzeptieren.

Wir wissen, dass die Angehörigen, oft nur zeitverschoben, ähnliche Phasen des Trauerprozesses wie der Kranke erleben. Es wäre daher günstig, wenn sie eine psychologische Begleitung und Stützung bekommen könnten. So würde es ihnen leichter fallen, bestimmte Verhaltensweisen des Sterbenden besser zu verstehen: zum Beispiel, dass der Rückzug ein typisches Verhalten im Verlauf der Krankheit ist und nicht Ablehnung bedeutet.

Sehr selten gibt es Hilfsprojekte – hier ein positives Beispiel einer Ausnahme:

Seit einigen Jahren bietet das Universitätskrankenhaus Eppendorf in Hamburg Familien mit Kindern, deren Mütter oder Väter ernsthaft und mitunter unheilbar erkrankt sind, psychosoziale Beratung an. Von dort ausgehend wurde 2002 ein dreijähriges EU-Präventionsprojekt für Kinder schwerstkranker Eltern, »Children of Somatically Ill Parents«, in acht europäischen Ländern gestartet.

In Einzel-, Paar- oder Familiengesprächen begleiten die Therapeuten Kinder ab drei Jahren und deren Eltern bis zu einer Dauer von sechs Monaten. *Ziel ist es, ausgerichtet an dem dramatisch veränderten Familienalltag, die Eltern zu unterstützen und den Kindern Bewältigungsstrategien aufzuzeigen.*

Mittlerweile wurden nahezu 700 Familien mit 1000 Kindern, deren Eltern an multipler Sklerose, Aids, Krebs oder akuten Gehirn- und Rückenmarksverletzungen litten, beraten.

... und was die Sterbenden dabei selbst erleben

Die erste Reaktion eines Menschen, der von seinem zu erwartenden Tod erfährt, ist meistens, dass er die Diagnose nicht glaubt. Dieser Verdrängungsmechanismus erlaubt es ihm, das zunächst Unfassliche zu ertragen. Sofern er sich als Opfer einer Fehldiagnose fühlt, neigt er nun dazu, verschiedene Ärzte aufzusuchen und sich Rat von den verschiedensten Seiten zu holen. Der aufgesuchte Arzt sollte fähig sein zu erkennen, wann der Patient sich in dieser Phase der Wahrheit entziehen möchte, weil er sie nicht erträgt.

In der nächsten Phase kommt oft Wut auf das Schicksal hoch. Der Zorn kann sich gegen Ärzte, Schwestern und Angehörige richten, gegen die Diät, die Behandlung, das Krankenhaus, die Zimmergenossen, die Krankenkasse.

Wird dann allmählich klar, dass es keine Rettung gibt, wünscht sich der Todkranke manchmal noch eine etwas längere Lebensspanne, vielleicht auch nur ein paar Tage ohne Schmerzen, Beschwerden und in Ruhe.

Nun kann zweierlei eintreten: Entweder wird ein Krankenhausaufenthalt als notwendig erachtet, oder man kann in relativer Ruhe die letzte Zeit zu Hause verbringen.

Ein Krankenhausaufenthalt ist ohne Zweifel emotional wesentlich belastender, weil er an den wahren Bedürfnissen des Betroffenen meist vorbeigeht. Dieser mag sich Ruhe, Frieden und Würde wünschen – aber er bekommt Infusionen, Transfusionen oder sogar die Herz-Lungen-Maschine. Vielleicht sehnt er sich einfach nur danach, dass ein Mensch einmal einen Augenblick bei ihm stillhält, damit er ihm eine Frage stellen kann. Stattdessen hantieren etliche Leute an ihm herum. Sie kümmern sich um Herzschlag, Elektrokardiogramm und Lungenfunktion – nur nicht um ihn als Persönlichkeit. Täuschung und Lüge rundherum machen einsam.

Die Angehörigen sind oft bestürzt und überfordert. Sie können ihr Befremden kaum verstecken.

Meist wird über alles Mögliche gesprochen, nur nicht über den nahen Tod.

Wenn das Sterben nicht mehr verhindert werden kann, braucht der Betroffene Kontakt zu einer liebevollen Umwelt. Aber nicht das Gespräch, sondern dessen Abbruch, nicht Zuwendung, sondern Isolation kennzeichnen häufig die Situation des Schwerkranken. Die Besucher beeilen sich oft, das Krankenzimmer so schnell wie möglich wieder zu verlassen. Sie wissen meist nicht, wie sie sich verhalten sollen. Die Situation ist ihnen irgendwie peinlich. Außerdem dürfen sie nur kommen, wenn es die Besuchszeit erlaubt, und nicht, wenn der Kranke es am dringendsten nötig hätte.

Zu Hause ist es zwar nicht so hektisch und geschäftig, aber es liegen *viele Fragen* in der Luft. Man merkt, dass sich die Angehörigen davor fürchten, darauf angesprochen zu werden. Täuschung, Lüge und Sprachlosigkeit beherrschen auch hier die Atmosphäre.

Der Kranke oder Alte will nun meist viel besprechen und ordnen. Es handelt sich um konkrete und praktische Probleme, die – zumindest dem Betroffenen – lebenswichtig erscheinen. Er möchte, wenn er geht, dass für alles gesorgt ist. Selbst bei todkranken Kindern im Alter über fünf oder sechs Jahren sind solche Reaktionen zu beobachten: Sie machen sich zum Beispiel Gedanken über ihr Fahrrad, wer die Puppen oder die Eisenbahn bekommen soll. Es ist daher sehr wichtig, in dieser Phase praktisch lösbare Probleme anzugehen. Es hat sich gezeigt, dass die Lösung dieser Angelegenheiten stark entlastend wirkt.

Es wird nun klar und bewusst, dass der Verlust von allem, was bisher wichtig war, droht: Besitz, die Nähe und Liebe anderer Menschen und schließlich das Schwerste für die meisten Menschen – der Verlust des eigenen Lebens.

Nachdem der Kranke alles durchlaufen hat: Entsetzen, Auflehnung, Zorn und Depression, kann er fähig werden, seinem Ende mit mehr oder weniger »ruhiger Erwartung« entgegenzusehen.

Oft gibt es nur die Hoffnung auf ganz vordergründige Dinge: die Hoffnung auf ein paar Stunden oder Tage ohne Schmerzen, auf schweigende Zuwendung oder als letzte Hoffnung, dass »bald das Ende« da sein oder jemand um einen trauern wird.

Der Sterbende ist nunmehr *»fast frei von Gefühlen«*. Sein Interessenskreis verengt sich mehr und mehr, er möchte weitgehend in Ruhe gelassen werden. Besucher sind ihm häufig nicht willkommen, Probleme aus der Außenwelt berühren ihn nicht mehr.

In dieser Phase sollte sich die Kommunikation eher auf Gesten als auf Worte beschränken. Am besten ist verstehendes und zustimmendes Schweigen. Der Sterbende soll wissen, dass er nun nicht zu reden braucht, denn alle wichtigen Angelegenheiten sind geregelt, es gibt nichts mehr, wofür sich Worte lohnen.

2. Wenn der Tod nun tatsächlich eingetreten ist

Der Augenblick, in dem sich die Seele eines Menschen vom Körper trennt, ist ein ganz besonderer. Die meisten Menschen, die beim Übergang vom Leben auf dieser Erde in einen anderen Seinszustand eines ihnen nahen Menschen dabei waren, sprechen davon, dass sie sonderbar ergriffen waren.

Der direkte Umgang mit dem Tod ist allerdings seltener geworden, da er meist nicht im Kreis der Familie eintritt, sondern in Krankenhäusern.

Die erste Aufgabe der Hinterbliebenen ist es nun, die *Tatsache des Todes überhaupt zu realisieren*. Das ist die Voraussetzung für alle weiteren Schritte der Verlustbewältigung. Auch wenn man beim tatsächlichen Todeszeitpunkt nicht anwesend war (oder zum Beispiel geschlafen hat), ist es nötig, dem Abschied Raum zu geben. Trauernden ist schon geholfen, wenn sie dazu Raum, Zeit und Gelegenheit erhalten. Das heißt zunächst einmal, dass sie auch im Krankenhaus in einem ruhigen Zimmer ungestört bei ihren Toten bleiben – so lange sie möchten. Unbeobachtet sollte man nun das für sich Passende tun können: vom Körper des Verstorbenen *Abschied nehmen*, letzte Worte sagen, schweigen, weinen …

Bei dieser Gelegenheit möchte ich alle entlasten, deren Liebste(r) gerade, während sie kurz weg waren, gestorben ist. Es scheint so zu sein, als ob der oder die Sterbende manchmal so einen ungestörten Moment abwarten würde, um sich ganz in Ruhe von diesem Leben zurückziehen zu können. Selbst im Koma scheint es Antennen dafür zu geben. Man sollte jedenfalls keine Schuldgefühle aufkommen lassen, sondern den offensichtlichen Wunsch des Sterbenden akzeptieren.

Am unmittelbarsten geschieht das schrittweise Begreifen bei einem Tod zu Hause. Wer einen Verstorbenen findet, ihn anfasst und spürt, dass er sich nicht mehr rührt und nicht mehr atmet, muss die bittere Wirklichkeit realisieren.

Aber auch jeder andere Nahestehende sollte nach Möglichkeit die Gelegenheit wahrnehmen, den Toten noch einmal zu sehen und Abschied zu nehmen.

Auch das einfache Aussprechen der Tatsachen hilft, den Tod zu begreifen: Sie oder er ist gestorben …

In eine besonders schwierige Situation geraten jene, die am Totenbett nicht gerne gesehen werden: vor- oder außereheliche Geliebte haben, wenn ihre Partner sterben, kein Besuchsrecht im Krankenhaus und kein Mitspracherecht bei der Gestaltung der Bestattung. Wenn sie in die Familie des Toten nach Hause kämen, würden das vermutlich alle regulären Angehörigen sehr geschmacklos finden. Diese Personen, die manchmal sogar den innigsten Kontakt zu dem oder der Verstorbenen hatten, müssen nun ihre eigene Form des Abschieds finden.

Ein ähnliches Schicksal haben auch andere, die nie aus dem Schatten heraustreten durften: zum Beispiel Partnerinnen und Kinder eines katholischen Priesters.

Ebenso schwierig ist die Lage der Eltern, deren Kind zu früh geboren wurde und starb. In Wien gibt es zwar neuerdings einen Babyfriedhof, aber an vielen Orten haben die Kinder keine Grabstätte und keinerlei Eintrag. Sie werden nicht zur Kenntnis genommen, und die Trauer ihrer Eltern wird dadurch gesellschaftlich kaum wahrgenommen.

Der Verlust eines Menschen kann unter verschiedenen Bedingungen stattfinden. Trennungen, Tod durch Krankheit oder Unfälle sind, so zynisch es klingt, noch leichter verkraftbar als Verluste durch Gewaltverbrechen oder durch Selbstmord. Der Schock wird noch durch die polizeilichen Erhebungen, durch das Getuschel in der Umgebung und die vielfältigen Schuldzuschreibungen oder Gerüchte verstärkt. Aus Scham ziehen sich die Hinterbliebenen meist zurück – sofern sie daran nicht durch indiskrete Reporter gehindert werden.

Die nachfolgend genannten Symptome sind in diesen Fällen noch stärker und ziehen sich über längere Zeit hin. Man spricht in diesen Fällen von »*komplizierter Trauer*«, die unbedingt einer speziellen psychologischen Behandlung bedarf.

Schwere Verlusterfahrungen können seelische und körperliche Symptome auslösen oder verstärken – und das gilt für alle Arten von Verlust, nicht nur, wenn ein geliebter Mensch von uns gegangen ist.

3. Welche Symptome können jeden Verlust begleiten?

Ein Verlust ist immer ein Eingriff in das Leben der Betroffenen. Wenn er unerwartet, unvorbereitet und besonders heftig ausfällt, kann »der Boden unter den Füßen zu schwanken« beginnen. Wie bei allen schweren Krisen produzieren der Körper und die Seele eine Reihe von Symptomen, die so lange anhalten, bis wieder eine ausreichende Stabilität eingetreten ist.

Der Verlust betrifft alle Dimensionen des Menschseins und hat sowohl körperliche als auch geistig-seelische Auswirkungen. Warum ist es wichtig, die Symptome bei einem Verlust zu kennen?

Weil die Reaktionen *viele Menschen irritieren.* Man sollte wissen, was alles auftreten kann und was sich im Bereich des Normalen befindet, sofern die Beschwerden (je nach Ausprägung) nach Tagen, Wochen oder manchmal nach Monaten wieder zurückgehen.

Aber man sollte ebenfalls *in der umgekehrten Richtung denken!* Wenn irgendwelche der nachfolgend genannten Symptome auftreten, lohnt es sich erst einmal zu fragen: »Welchen Verlust habe ich konkret zu beklagen?«

Diese Frage erscheint manchen Menschen absurd, da man doch angeblich wissen müsste, ob und was einem abgeht. Wie wir aber zuvor gesehen haben, kommen manche Verluste nicht im Bewusstsein an. Sie wurden einfach nicht thematisiert und daher sind sie meist »nicht vorhanden«. Probleme werden nur dann zur Kenntnis genommen, wenn ein Vertrauter darauf hinweist, und das ist in vielen Familien nicht der Fall. (Wenn ich in psychotherapeutischen Erhebungen nach früheren Verlusten fragte, dachten die Klienten in den meisten Fällen nur an den Tod eines Familienangehörigen. Alles andere entzog sich ihrer Aufmerksamkeit – auch wenn es prägend und einschneidend war.)

Was also kann nun auftreten, wenn ein Verlust – welcher Art auch immer – in eine Krise führt?

Körperliche Beschwerden

Zunächst einmal ein paar der *körperlichen Beschwerden* (die wir hier aber nur kurz auflisten wollen):

Zu den äußerlich beobachtbaren Symptomen zählen bei Trauer

- Ein- und Durchschlafstörungen trotz großer Ermüdung, Früherwachen, schwere Träume
- häufig Appetitlosigkeit mit Gewichtsverlust, manchmal auch Heißhunger
- Übelkeit, Brechreiz, Völlegefühl, Blähungen, Aufstoßen, Magendruck, Krämpfe, Druckschmerzen, Verstopfung oder Durchfall
- Kopfdruck, manchmal über den Augen, mitunter als Hinterhauptdruck oder wie ein »Helm« beziehungsweise »Reifen« um den Kopf, Kopfschmerzen bis Migräne mit Erbrechen
- Überempfindlichkeit der Sinnesorgane
- vielfältige Beschwerden bis Schmerzen in der Herzgegend (zum Beispiel Druck auf der Brust), ferner Atemenge, Kreislaufstörungen
- Vegetative und andere Beschwerden wie Kloß im Hals, Verspannungen, Gelenk-, Rücken- und Muskelschmerzen, Blasenstörungen, Zungenbrennen, Mundtrockenheit, Hautüberempfindlichkeit, schwere Beine, Hitzewallungen, Kälteschauer, Störungen der Schweiß- und Tränensekretion, Nachlassen von sexuellem Verlangen und Potenz, allgemeine Missempfindungen am ganzen Körper
- Kraftlosigkeit.

Darüber hinaus sollte nicht unerwähnt bleiben, dass sich im Zuge der Trauer absolut *jede Krankheit verschlechtern* kann. Ein Verlust vermindert die Kraft, die man sonst braucht, um mit der gewohnten Krankheit adäquat umzugehen. Wenn diese Kraft nun weniger wird, kommt das Gleichgewicht abhanden und die Grunderkrankung nimmt »ihre Chance« wahr, um sich stärker zu entwickeln.

Seelische Beschwerden

Wie später noch angeführt, gibt es während der verschiedenen Phasen des Trauerprozesses auch unterschiedliche seelische Reaktionen. Gerade zu Beginn sind die aufbrechenden Gefühle oft chaotisch. Es werden durcheinander Trauer, Wut, Freude, Zorn, Angstgefühle und Ruhelosigkeit erlebt, die oft auch mit Schlafstörungen verbunden sind. Alle weiter unten genannten Emotionen können kurz hintereinander auftreten oder sich sogar mischen. Diese Gefühlsschwankungen lassen manche Betroffenen an ihrem Verstand zweifeln, sind aber ganz normal und treten immer dann auf, wenn man den Boden unter den Füßen verliert. Obwohl es sicher nicht leicht ist, sollte man das Wechselbad der Gefühle akzeptieren und Geduld mit sich selbst haben.

Im Folgenden sind die wichtigsten seelischen Symptome genannt:

➜ Trauer oder Depression?

Trauer und Depression werden wegen mancher ähnlicher Symptome häufig miteinander verwechselt.

Trauer ist eine Reaktionsweise auf einen Verlust und kommt daher in unterschiedlichsten Formen und Ausdrucksweisen im Leben jedes Menschen immer wieder vor. Sie ist keine Krankheit. Wenn sie aber verdrängt wird, kann sie krank machen. Daher kann es verhängnisvoll sein, nicht zu bemerken, wenn eine natürliche Trauer möglicherweise in eine krankheitswertige Depression überzugehen droht.

Was sind die Ähnlichkeiten der beiden Erscheinungsbilder?
Trauer ist zwar die schmerzliche Folge eines Schicksalsschlages, aber eine natürliche Reaktionsweise. Die Depression dagegen ist eine seelische Krankheit und bedarf daher einer Behandlung.

Wenn die Trauersymptome in ihrer vollen Stärke länger als ein halbes Jahr andauern, sollte man als Angehöriger oder Betreuer an eine Depression zumindest denken. Der Trauernde ist zwar nicht der ständige Schwarzseher wie der Depressive, aber er hat in der ersten Zeit nach dem Verlust die Hoffnung aufgegeben und fängt bisweilen aus heiterem Himmel zu weinen an. Er hat an nichts mehr Freude und glaubt manchmal, nie wieder glücklich sein zu können. Er hadert mit dem Schicksal und fragt sich, womit er das verdient hat. Und es gibt noch andere Ähnlichkeiten:

Bei Depressiven und Trauernden ist gleichermaßen die Stimmung phasenweise niedergedrückt, trostlos und resigniert. Die Betroffenen fühlen sich wie zerschlagen, oder sie sind energielos, schwach und rasch erschöpft. Manchmal »verabschieden« sich die Gefühle, es tritt eine Art Apathie ein. So ist mancher sogar unfähig zu trauern beziehungsweise zu weinen. Gerade in der ersten Zeit des Schocks kommt es manchmal zu einer Form von emotionaler »Anästhesie«.

Hat ein Trauernder eine echte Neigung zur Depression, kann die Trauer nahezu schleichend in eine Depression übergehen. Deshalb ist es wichtig, die verschiedenen Beeinträchtigungen des Gemütslebens auseinanderzuhalten. Nur so wird man allen Betroffenen gerecht, kann sie verstehen und allenfalls zu einem Arztbesuch ermuntern. Es gilt also sich klarzumachen:

Eine Depression setzt sich aus seelischen *und* körperlichen Beschwerden zusammen.

Ungünstigerweise können sich Depressionen aber auch verstecken. Eine wachsende Zahl zeigt sich uncharakteristisch und verbirgt sich hinter körperlichen Beschwerden.

Hier sind ihre Hauptsymptome aufgelistet:

Dem Betroffenen fallen als Erstes die *psychischen Beschwerden* auf. Er fühlt sich matt, entschlusslos und niedergeschlagen. Das Selbstwertgefühl sinkt. *Womit wir ein untrügliches Unterscheidungsmerkmal zur Trauer haben: Trauer beeinträchtigt nie das Selbstwertgefühl, Depression aber immer!* Ein Hang zum Grübeln macht sich breit. Schuldgefühle, Ängste oder ein Gefühl der inneren Leere kommen auf und machen jede Aktivität zum Problem. Die Schwierigkeit, irgendeine Entscheidung zu treffen und die Störung des Antriebes sind weitere Kennzeichen der Depression. Entweder tritt eine große innere Unruhe oder, das Gegenteil, eine Verlangsamung und Schwere auf. Schlaf-

...ungen und Konzentrationsschwäche vermindern die tägli-
...Leistungsfähigkeit, die am Morgen oft am schlechtesten ist.
...h die geschwundene Freude am Leben sowie an den leibli-
...Genüssen wie essen, trinken oder Sexualität zieht sich der
Kranke meist von zwischenmenschlichen Kontakten zurück.

Nun merken es auch die anderen. Häufig ziehen sie sich nun ihrerseits vom Depressiven zurück, um von seiner Niedergeschlagenheit nicht »angesteckt« zu werden. Das ist fatal, denn so zieht sich der Kranke noch mehr in sein »Schneckenhaus« zurück.

Zusätzlich zu den psychischen Beschwerden können auch *körperliche Probleme* auftreten. So gibt es eine Reihe von Menschen, die eigentlich wegen Gelenkschmerzen, Druckgefühl im Brustbereich, Kopf- oder Nackenschmerzen sowie unklaren Magen- oder Darmerkrankungen zum Arzt kommen und dann sehr erstaunt sind, dass ihre Symptome von einer Depression herrühren.

Wie kann man nun die Depression von der Trauer über einen Verlust abgrenzen?

Der Depressive erlebt in sich eine Leere, die damit zusammenhängt, dass viele Gefühle zurückgedrängt werden. Der Trauernde aber hat die Gefühllosigkeit, die sich oft wie eine psychische Anästhesie anfühlt, nur in der ersten Zeit nach dem Verlust, dann stellt sich sehr bald eine Anhäufung vieler, sich teils widersprechender, Gefühle ein. Aber vor allem der Inhalt der Gedanken ist ein anderer: Der Depressive wertet sich selbst und die Umwelt ab und sucht nach Schuldigen. Wie bereits gesagt: Trauer beeinträchtigt nie das Selbstwertgefühl, Depression aber immer! Die Gedanken des Trauernden kreisen um den verlorenen Menschen und damit zusammenhängend um die eigene Identität, die in der zuvor erlebten Art zerstört wurde. Der Verlust oder auch der drohende Verlust eines Menschen führt immer auch zu einer Identitätskrise: Man muss die verbunden gewesenen Anteile in sich neu ordnen. Man trauert daher zum Beispiel nicht nur um das verlorene Kind, sondern auch um den

Verlust der eigenen Identität als Mutter oder Vater, um das Elterndasein, das es in Bezug auf ein bestimmtes Kind nicht mehr gibt.

→ Irritation und Destabilisierung

Orientierung und Kontrolle über das Leben sind Grundbedürfnisse jedes Menschen. Wenn ein Verlust beides gefährdet, wenn das bisherige Leben sich aufzulösen droht, kommt der Betroffene unweigerlich in eine massive Krise.

Krisen gehören zum menschlichen Leben dazu und sind an sich normal. Man kann sich darauf verlassen, dass sich dauernd etwas verändert – wir werden älter, die körperliche Verfassung macht verschiedene Phasen durch, die Lebensaufgaben setzen uns vor immer neue Entscheidungen. Die Reaktion darauf bleibt aber im Prinzip immer gleich: Wir reagieren mit Irritation.

Nun kann je nach Persönlichkeit des Betroffenen diese Irritation unterschiedlich erlebt werden. Es gibt Menschen, die aufgrund ihrer Erziehung und ihres Werdegangs sehr flexibel sind. Für andere Menschen bedeuten möglichst gleichbleibende Umstände Sicherheit – und die brauchen sie ganz dringend. Sie haben leider kein hilfreiches Modell, wie sie mit den neuen Bedingungen und den notwendigen Veränderungen umgehen können. Sie sind daher für Krisen durch Veränderungen besonders anfällig und haben große Mühe, aus ihnen wieder herauszukommen.

Das Haus hatte lichterloh gebrannt. Es war nichts mehr zu *machen. Das ganze Hab und Gut, alle Erinnerungsstücke und auch einige Antiquitäten wurden ein Raub der Flammen. Christine, die ein beschauliches Leben in Haus und Garten geführt hatte, stand nicht nur vor den Trümmern ihres Hauses – es war ihr, als ob ihre gesamte Identität vernichtet worden wäre. Sie konnte sich nicht vorstellen, jemals anderswo zu leben, als hier, wo sie auch aufgewachsen war. Ihr ganzer Alltag war so gründlich durcheinandergebracht, dass sie nicht in der*

Lage war, ihre Gefühle zu ordnen und zielgerichtet zu denken, was man nun Schritt für Schritt machen sollte. Christine fiel in eine emotionale Starre, aus der sie nur mit professioneller Hilfe herauskam.

Wie bei jedem Schock, jeder Krise, jedem starken Eingriff ins Leben, geraten die Gefühle durcheinander. Man ist verunsichert und verstört. Manchmal ist man über die eigene Reaktion selbst erstaunt und hätte sie sich früher niemals zugetraut. Es dauert, bis diese Zeit der Destabilisierung vergeht und man allmählich wieder Tritt fasst. Sehr hilfreich sind dabei Entspannungstechniken, über die später berichtet wird.

→ Verzweiflung, Hoffnungslosigkeit und Hilflosigkeit

»Verzweiflung« ist ein Bündel von intensiven Gefühlen, wie Ratlosigkeit, Mutlosigkeit, Freudlosigkeit, Hilflosigkeit, Hoffnungslosigkeit, Resignation, Pessimismus, Niedergeschlagenheit, Trauer und Angst.

Todesfälle, aber auch andere Verluste, können sehr plötzlich eintreten, und die oben genannten Gefühle brechen herein. Verzweiflung bedeutet auf jeden Fall, am Rand eines Abgrundes zu stehen und nicht zu wissen, wie man sich auf festem Grund halten soll und kann. Verzweiflung ist immer die letzte Emotion, bevor man sich selbst das Leben nimmt. In diesem Moment kann nur Hilfe von außen vor Schlimmem bewahren.

Eine *weitgehende Hoffnungslosigkeit ist das Lebensgrundgefühl vieler Pessimisten.* Sie können einfach nicht an die Zukunft glauben und können sich nur schwer vorstellen, dass das Leben auch für sie einmal etwas Frohes, Leichtes bringen könnte. Durch ihre Sichtweise *zerstören sie sich manche Möglichkeit, Glück auch nur zu erkennen.* In Verlustsituationen kommt häufig ein schon überwunden geglaubter Pessimismus zum Vorschein. Wenn Lebensentwürfe, die gemeinsam mit einem Partner / einer Partnerin entworfen wurden, zu Bruch gehen, glauben die Betroffenen oft lange Zeit, dass sie nichts mehr vom Leben zu erwarten haben. Sie sind mutlos, verzagt, ratlos und manchmal auch verbittert.

»Die Hoffnungslosigkeit ist schon die vorweggenommene Niederlage«, sagte der deutsche Psychiater und Philosoph Karl Jaspers (1883–1969). Hoffnungslosigkeit schwächt jeden Menschen extrem. Kurz nach einem Verlust, wenn es klar geworden ist, dass es niemals mehr so wird, wie es war, kennen viele Betroffene eine tiefe Hoffnungslosigkeit. Die zu überwinden gehört zu den vordringlichsten Aufgaben während eines Trauerprozesses.

Um mit der aktuellen Krise fertig zu werden, versuchen Trauernde auf früher bewältigte Krisen zurückzugreifen, doch erweisen sich deren Bewältigungsmechanismen zumeist als unzureichend. Oft finden sich überhaupt keine Muster im Repertoire, wie man mit Verlusten sinnvoll umgehen kann. Die Betroffenen sehen keinen Weg, der weiterführt, bzw. trauen sich auch gar nicht zu, genau hinzusehen, wo sie ihren Fuß zum nächsten Schritt hinsetzen sollen. Demzufolge überlassen sie sich der Hilflosigkeit und ziehen sich ganz auf frühere Entwicklungsstufen zurück (man nennt das »Regression«). Am liebsten würden sie wie ein kleines Kind umhegt werden und alle Entscheidungen den »großen Erwachsenen« überlassen.

Ärzte und Psychotherapeuten kennen diese Reaktion aus unzähligen Fällen.

Margots Hund ist tödlich verunglückt. Nun lebt sie allein und
verlässt kaum ihre Wohnung. Keiner ihrer Nachbarn ahnt,
welchen Stellenwert der Hund für Margot hatte. »Es war doch
nur ein Tier …«
Margot, die von der übrigen Welt isoliert im Kinderheim aufgewachsen war, erinnert sich an keine Strategie, wie man mit
einem Abschied umgehen kann. Nur an eines muss sie immer
denken: Als ihre einzige Freundin das Heim verlassen musste, gab es überhaupt niemanden mehr, mit dem sie reden
konnte.

*Sie war der Situation hilflos ausgeliefert und außerstande,
sich eine neue Freundschaft aufzubauen.*
*Diese Gefühle überschwemmen Margot nun. Sie kann Tag
und Nacht an nichts anderes als an ihre Einsamkeit denken.
Sie fühlt sich wie gelähmt.*

→ Stress und Unruhe

Im Prinzip ist jede Veränderung im Leben (gleichgültig, ob erfreulich oder unerfreulich) imstande, Stress auszulösen, wenn sie den betroffenen Menschen überfordert. Eine Verlustkrise führt jedenfalls sehr häufig zu Stress. Dieser wurde zwar durch die äußeren Umstände hervorgerufen, aber maßgeblich beteiligt ist der persönliche Mangel an Vorbildern für verschiedene neue Situationen.

Was passiert nun bei so einer Überforderung?

Bei Stress produziert der Körper das Hormon Adrenalin, welches das Herz schneller schlagen lässt. Somit steigt der Blutdruck. Außerdem gibt die Leber Zucker und Fette in den Blutstrom ab, um Energie freizumachen. So hatte in früheren Zeiten das bedrohte Individuum blitzschnell genügend Kraft zur Verfügung, um entweder zu kämpfen oder durch Flucht dem Verfolger zu entkommen. Nun sind wir heute nur noch selten in der Situation, diese natürliche Ausrüstung zu nützen. Die Folge ist, dass die mobilisierten Fette und Zucker nicht verbraucht werden, sondern in den Arterien abgelagert werden und auf Dauer zu einem absoluten Gesundheits-Risikofaktor werden. Auch der labile, immer wieder in die Höhe schnellende Blutdruck schädigt den Organismus.

Der Körper kann nun auf Stress mit seiner individuellen Schwachstelle reagieren. Außer den oben genannten körperlichen Symptomen wird auch oft über Hautprobleme, Bluthochdruck, Herz- und Kreislaufbeschwerden, vorzeitige Alterung des Gehirns durch das häufige Hochschnellen des Stresshormonspiegels, erhöhter Cholesterinspiegel, Immunschwäche gegen alle Formen von Infektionen und Rückenschmerzen berichtet.

Bei gestressten Menschen kann man häufig Übernervosität und Unruhe feststellen. Die Betroffenen sind gespannt und getrieben. Sie können sich nicht konzentrieren, sondern sind ziel- und rastlos. Sie schwitzen vermehrt und klagen über ständige Müdigkeit bis zur Erschöpfung.

→ Angst

Wir wissen bereits: Krisen zeigen, dass die Bewältigungsmechanismen für die gegenwärtige Situation nicht ausreichen. In einer Krise muss das Leben neu geordnet werden. Es ist also eine *Anpassungsleistung* gefordert. Das setzt immer auch Angst frei. »Angst« kommt vom lateinischen Wort »angustiae«, und das bedeutet »Enge«. Diese Enge oder diesen Engpass kann man bei sich selbst manchmal sehr genau spüren.

Die Angst zeigt, dass man an einer Grenze des Aushaltbaren angelangt ist. Das Gehirn signalisiert »Alarm«, und der Körper schüttet Adrenalin aus. Daraufhin können sich alle oben genannten körperlichen Zustände in allen Ausprägungsgraden (von leicht bis anfallsartig) einstellen.

Wie an anderen Stellen mehrmals erwähnt, kann eine Krise (wie es der Verlust ist) alle möglichen psychischen Schwachstellen neu beleben. So wie eine latent schlummernde Depression ausbrechen kann, tauchen auch Ängste, die einen normalerweise nicht plagen, plötzlich auf, beziehungsweise werden gewohnte Ängste nun noch stärker. Ängste können plötzlich bei ganz unerwarteten Anlässen zutage treten und sich auch auf andere Lebensbereiche wie bisher ausdehnen.

Hubert hat seine Frau verloren. Er ist untröstlich. Hubert vermisst seine langjährige Partnerin Tag und Nacht. Er fühlt sich sehr einsam und darüber hinaus kommt er mit dem Haushalt in keiner Weise zurecht. Das macht ihn total hilflos. Zu seiner großen Bestürzung stellten sich zusätzlich zur Trauer auch noch allerhand Ängste ein, die er schon lange überwunden glaubte. Er wendet viel Zeit auf, seine körperlichen

Reaktionen zu beobachten. Die Konzentration auf seinen Herzschlag und auf ein Gefühl der Enge im Hals führt oft zu einer Konzentrationsschwäche in den übrigen Lebensgebieten. Das kann Hubert auch im Job kaum mehr verbergen. Tagsüber ist er reizbar und ungeduldig, in der Nacht kommt es oft zu Schlafstörungen. Wie viele Männer in dieser Situation greift Hubert zum probatesten Mittel: Alkohol.

Alkohol ist (vor allem) bei Männern ein häufiges »Lösungsmittel«. Natürlich gibt es auch beruhigende, angstlösende Medikamente, aber auf Dauer sind sie bestimmt (ebenso wie Alkohol) keine Lösung. Manche Betroffene »wählen« unbewusst auch Verdrängungsstrategien, um die Angst erträglicher zu machen. Sie lenken sich ab, stürzen sich in Arbeit oder verleugnen ganz einfach ihre Gefühle – auch vor sich selbst.

➜ Identitätskrise

Im allgemeinen Sinn beschreibt der Begriff der Identität die Kombination von persönlichen und damit unverwechselbaren Eigenschaften eines Individuums und umfasst dabei beispielsweise den Namen, das Geschlecht und den Beruf. So ist es in jedem Identitätsausweis zu finden. Durch diese Charakteristik lässt sich die Person von anderen Individuen unterscheiden. *In psychologischer Sicht beschreibt Identität eine einzigartige Persönlichkeitsstruktur.* Identität definiert eine Person als einmalig in ihrer Ausrüstung.

Jeder Mensch konstruiert sich seine gesellschaftliche Identität durch *vielfältige Faktoren*, auch durch die nahe Umgebung. So definiert sich eine Frau zum Beispiel unter anderem als »verheiratet, Mutter von drei Kindern, von XY geliebt und geachtet«. Tritt nun der Fall ein, dass XY verstirbt, so verschiebt sich möglicherweise auch die Identität zu »verwitwet, Alleinerzieherin von drei Kindern, ohne Intimpartner, von keinem Erwachsenen geliebt und geachtet«. Diese Tatsache ist in der Regel sehr schmerzhaft, weil sie eine Reihe von seelischen und sozialen Konsequenzen hat.

Als Erstes wird eine klaffende Lücke im Leben und Erleben wahrgenommen. Derjenige, der zurückbleibt, fühlt sich beraubt und unvollständig.

Eine Frau erzählte über ihren befürchteten Verlust an Erlebnismöglichkeiten:
»Bis jetzt war die Neugierde stets unsere gemeinsame Neugierde gewesen. Wenn uns etwas in Abwesenheit des anderen interessierte, dann sah man sich das an, um es nachher erzählen zu können. Nun gibt es diese Möglichkeit nicht mehr – was soll mich da noch neugierig machen?«

Da wir uns wesentlich aus den Beziehungen zu Mitmenschen verstehen, werden wir durch den Verlust eines geliebten Menschen in unserer bisherigen Identität schwer erschüttert. Eine große Lücke tut sich dort auf, wo zuvor dieser Mensch seinen Platz im Herzen des Hinterbliebenen hatte. Die Trauer, als Reaktion darauf, ist jener Vorgang, in dem wir *Abschied nehmen und gleichzeitig die vergangenen Erlebnisse als einen Teil der eigenen Biografie in uns integrieren. So kann eine neue Identität entstehen.*

→ Schuld

Schuldgefühle sind relativ häufig nach einem Verlust zu beobachten. *Viele Menschen fragen sich, ob sie etwas versäumt oder falsch gemacht haben,* dass es nun so gekommen ist, wie es ist. Sie geben sich die Schuld am Verlust oder leiden an den Versäumnissen in der Vergangenheit:

»Hätten wir das doch noch gemeinsam gemacht!«
»Hätten wir doch noch darüber geredet!«
»Hätten wir uns doch noch versöhnt!«

Fast genauso häufig werden die Schuldgefühle aber auch aus dem eigenen Seelenleben »hinauskatapultiert«. An einem Drama zumindest eine (manchmal nur fantasierte) Mitschuld zu haben, ist für viele Menschen derart unerträglich, dass sie den Tatsachen nicht ins Auge sehen können. So werden Ärzte, Krankenhäuser, Psychotherapeuten, Schulen und andere Institutionen zu »Sündenböcken« gemacht. Es ist ein Kennzeichen der christlichen Kultur (siehe die Worte »meine Schuld, meine Schuld, meine übergroße Schuld … «, die in jeder heiligen Messe gesprochen werden), dass bei Problemen weniger nach dem Grund und der Ursache gefahndet wird, als dass möglichst schnell ein »Schuldiger« gefunden werden soll. Diese christliche Prägung hinterlässt natürlich auch bei Verlusten ihre Spuren. Erst wenn irgendwer gefunden wird, dem man die Schuld »umhängen« kann, kehrt wieder Seelenfrieden ein. Die Ordnung ist wiederhergestellt.

 Rosas Mann war gestorben – an Altersschwäche. Rosa war zwar natürlich nicht am Tod schuld, aber trotzdem war die letzte Zeit »kein Ruhmesblatt« für sie. Sie war abweisend und unleidlich zu ihrem Mann gewesen und hatte ihm innerlich vorgeworfen, sie zu verlassen. Um das flaue Gefühl loszuwerden, musste es auf jemanden projiziert werden. Der war bald gefunden: Der Hausarzt war schuld – er hätte ein anderes Medikament verschreiben müssen.

Reinhard war einfach unleidlich. Nichts passte ihm an Birgit. Er nörgelte an ihrem Aussehen, ihren Kochkünsten, ihrer Zeiteinteilung, ihrer Familie – einfach an allem. Birgits Selbstwertgefühl schrumpfte und schrumpfte. Sie konnte sich gegen die üble Laune Reinhards, die er stets an ihr abreagierte, nicht wehren. Als die Psychotherapie Birgit endlich die nötige Kraft gab, trennte sie sich.
Für Reinhard war es sonnenklar: Nicht er war schuld an der Trennung, sondern die Psychotherapeutin.

Der 15-jährige Christoph hat seinem Leben ein Ende bereitet und keinen Abschiedsbrief hinterlassen. Die Familie, die Freunde, die Schulkameraden und Lehrer und die gesamten Einwohner des Ortes sind geschockt und entsetzt. Niemand hatte irgendwelche Vorzeichen bemerkt ... Nun könnte man meinen, dass dieser Umstand allein bereits bedenklich wäre – aber niemand wollte ihn »bedenken«. Niemand stellte sich die Frage, wie defizitär und oberflächlich denn der zwischenmenschliche Umgang war. Niemand fragte sich, ob er nicht auf den introvertierten Jungen zugehen hätte sollen. Aber die Schuldzuschreibungen gingen im Kreis. Jeder Einzelne war der Ansicht, er wüsste genau, dass alle anderen irgendwie schuldig wären.

Wie wir sehen, ist der *Selbstmord* eines nahen Menschen ein besonderes Kapitel. Die Schuld betrifft vor allem die eigene Unfähigkeit, das Drama erkannt zu haben. Niemand ist davon ausgenommen: Alle möglichen Gefährten, von Schulkameraden, Arbeitskollegen, Vorgesetzten, Lehrern, Freunden bis zur gesamten Familie, fragen sich, warum sie nichts bemerkt und daher nichts unternommen haben, um das Unheil abzuwenden. Nachdem es auf diese Frage meist keine befriedigende Antwort gibt, bleibt oft jahrelang ein schales Gefühl bei allen Menschen der nahen Umgebung. Auch der Makel klebt oft über Generationen an ihnen und ist kaum auszuräumen.

Es ist manchen Hinterbliebenen so unerträglich, dass man »mit Fingern« auf sie zeigt, dass sie sich nicht mit der Schuldfrage auseinandersetzen und aus den Fehlern wenigstens etwas lernen können.

→ Scham

Schuldgefühle und Scham sind nahe Verwandte. Gründe, sich über ein echtes oder eingebildetes Scheitern zu schämen, gibt es leider viele. Man schämt sich meist nicht nur für den Verlust des Arbeitsplatzes, des wirtschaftlichen Abstieges oder die scheidende Schönheit, sondern fühlt sich schnell als Ganzes, *als gesamte Persönlichkeit abgewertet*. Wie wir bereits sahen, sind

Frauen besonders anfällig dafür, sich für die Begleitumstände des Älterwerdens zu schämen. Ich persönlich kenne keine Frau, deren Selbstwertgefühl dabei keinerlei Einbuße erlitten hat. Das sich verändernde Aussehen und der Kraftverlust lassen viele an sich zweifeln.

Männer schämen sich ebenfalls über die nachlassende Kraft und allenfalls das Schwinden der Potenz. Eine häufige Quelle von Scham ist die Arbeitslosigkeit. Obwohl jeder weiß, dass man in unserer wirtschaftlichen Krisenzeit in allen Branchen sehr schnell seinen Job verlieren kann, kennen viele Männer das Gefühl persönlichen Scheiterns. Zumindest haben sie aber die Angst, dass die nicht so gut informierten Mitmenschen glauben könnten, sie wurden wegen Unfähigkeit gefeuert. Wenigen gelingt es, sich dabei nicht als »minderwertig« zu fühlen.

Menschen, bei denen schon früh im Leben durch Erziehung Scham ausgelöst wurde (»Jetzt schäm dich aber!«), sind auch später dafür besonders empfänglich und werden von der Angst vor Peinlichkeit beherrscht. Die Wahrnehmung durch andere, durch die Umwelt, wird zum Maßstab. Schambetroffenen fehlt ein gesundes Selbstwertgefühl. Sie werden von der Frage beherrscht: »Was andere wohl von mir denken?«

➔ Alte Wunden werden virulent

Traumen aus der Vergangenheit können sich bei neuen Verlusten schwerwiegend auswirken, da sie im Grunde noch unverheilt sind. *Die alten Seelenschmerzen kommen unerwartet hoch und verschlimmern die gegenwärtige Situation erheblich.* Solche alten Traumen kommen grundsätzlich immer dann ans Tageslicht, wenn ihr »Besitzer« psychisch und körperlich geschwächt ist. Besonders in zwei Konstellationen können die Schatten der früheren Zeiten heftig zutage treten:

➔ *Krisen und Veränderungen* benötigen die ganze Kraft für eine Neuanpassung. Wenn die gewohnten Muster nicht mehr taugen, weil neue erforderlich sind, gibt es immer ein gewisses Maß an Irritation. Sehr rigide Menschen kommen in schwerere

Krisen als solche, die von Haus aus flexibel sind. Besondere Klippen im Leben jeder Person sind Schuleintritte, Berufswechsel, Umzüge, neue Partnerschaften, hormonelle Umstellungen, Kündigungen, Pensionierungen, die Geburt eines Kindes und natürlich Verluste.

➜ Der zweite Fall, in dem alte Wunden sehr leicht aufbrechen, ist *Erschöpfung*. Die Kräfte für die Bewältigung des Alltags sind aufgebraucht.

Wir sehen also, dass in Zeiten der Schwäche die Schatten der Vergangenheit, die normalerweise mit viel Energie in den Seelenuntergrund gedrückt werden, nun ein leichtes Spiel haben. Sie können ziemlich ungehindert an die Oberfläche dringen. Und das ist stets unerwartet! Die Ausgelaugten können es meist gar nicht fassen, wie sich zu ihrer Kraftlosigkeit plötzlich ungeahnte Ängste, Zwänge oder Depressionen gesellen.

Bei näherer Betrachtung wird man allerdings erkennen, dass die hochkommenden Gefühle zu stark für den Anlass der gegenwärtigen Situation sind. Es kommt zu einer sogenannten »Überreaktion«, die dadurch entsteht, dass alte Erfahrungen, die manchmal auch nur entfernt mit der momentanen Situation zu tun haben, unterbewusst herangezogen werden. Diese Erfahrungen waren oft sehr schmerzlich und bringen nun alte Angst, Wut oder Panik hervor. Selbst die Betroffenen, aber vor allem die Menschen der Umgebung, sind irritiert. Sie haben meist keine Informationen über die Reste aus vergangenen Erlebnissen, die nun aus den verschütteten Seelenwinkeln hervorkommen, und kennen sich nicht aus. Manchmal verändert sich die Realität in den Augen eines Betroffenen, weil sich die alten Erlebnisse gefühlsmäßig mit den neuen vermischen. Dabei gibt es auch Schuldzuweisungen in alle Richtungen.

Hubert wurde vor einem Monat pensioniert. Eigentlich hatte
er sich schon auf die größere Freiheit gefreut, aber nun sah
doch alles anders aus: kein regelmäßiges Aufstehen, kein Zeitungskauf auf dem Weg ins Büro, kein Schreibtisch mit seiner

▸ 3. Welche Symptome können jeden Verlust begleiten?

genauen Ordnung, keine Sekretärin, die ihm den Kaffee bringt, keine Gelegenheit zum Schimpfen über das ungesunde Essen in der Kantine und auch keine Freiräume vor der ständig anwesenden Ehefrau.

Zu vieles gab es, das er nun vermisste. Hubert brauchte seine Ordnung und hatte absolut keine Lust, sich neue Hobbys zuzulegen oder mit Menschen zu reden, denen er bisher ausgewichen war. Eine ungeahnte Spannung machte sich in seinem Seelenleben breit, er war gereizt und ließ sich auch durch die wohlgemeinten Vorschläge seiner Frau für Spaziergänge oder Kinobesuche nicht ablenken. War er tatsächlich am Rand einer Depression?

Ein alter Brief, den Hubert im Zuge seiner Aufräumarbeiten fand, brachte ihn schließlich auf eine Spur: Wie war das damals, als die Großmutter, die den kleinen Hubert aufgezogen hatte, starb? Hubert musste ins Heim und fühlte sich total entwurzelt. Aber niemand kümmerte sich um ihn und seine vielen Tränen nachts im Schlafsaal. Man war der Ansicht, dass ein Kind »da durch müsse«.

Als sich Hubert klarmachte, dass nun er als Erwachsener unabhängig und frei sein Leben gestalten konnte und die Gefühle des kleinen, verlassenen, entwurzelten und einsamen Hubert mit dem Heute nichts mehr zu tun haben, war es ihm erstmals möglich, die größeren Freiheiten im Alltag sinnvoll zu nutzen.

➜ Gereiztheit und Aggression

Aggression, Zorn und Rache sind (vor allem für Männer) leichter auszuhalten als Trauer, weil sie aktive Gefühle sind. *Die passive Hilflosigkeit ist für sie das Gefühl, das am allerschwierigsten zu ertragen ist.* Daher trifft man immer wieder Menschen nach einem Verlust, die auffallend überempfindlich, leicht verletzlich und kränkbar sind. Unzufrieden, vorwurfsvoll und ungerecht beneiden sie zum Beispiel andere Menschen, die ihren Partner behalten dürfen, oder reagieren gereizt, wenn jemand sein Beileid ausspricht oder helfen will.

Mitunter sind sie mürrisch, aufbrausend oder aggressiv bis feindselig. *Ihr Ziel ist, andere zu verletzen, um nicht zu spüren, dass sie selbst seelisch verletzt sind.*

Bei Alfons wurde Prostatakrebs diagnostiziert. Die Operation *verlief wunschgemäß: Der Krebs konnte abgegrenzt entfernt werden. Allerdings war Alfons seither inkontinent, und das bekümmerte ihn sehr. Die Unsicherheit in Gesellschaft, ob er wohl »dicht« bleiben könnte, ließ ihn zunehmend von allen möglichen Aktivitäten Abstand nehmen. So hatte er nicht nur den Verlust eines Teiles der Gesundheit, sondern auch des Freundeskreises zu verkraften.*
Alfons reagierte mit permanenter Aggression. Er attackierte in Leserbriefen die Regierung, die Verwaltung und die Kirche, und er beleidigte seine ganze Familie. Seine vorwurfsvolle Haltung verschreckte schließlich auch seine letzten Freunde.

→ Zorn

Zorn gehört häufig zur Trauer. *Der Verlust hat Lebenspläne und Hoffnungen zerstört.* Natürlich regen sich dann Widerstand und Wut. Weil aber das Schicksal nicht zu fassen ist, richtet sich der Zorn zunächst oft gegen Menschen. Sie werden zu »Schuldigen« gemacht. Ärzte werden oft das Ziel des Zornes. Manchmal werden auch Familienmitglieder unverdientermaßen zu *Blitzableitern*.

Manche richten den Zorn auch gegen sich selbst. Mitunter (und hier eher bei Frauen zu finden) kann sich die Aggression in einer Art Selbstschädigung (»Autoaggression« genannt) entladen.

Svetlana musste während des Bosnienkrieges Haus und Garten verlassen und ins Ausland flüchten. Sie verlor alles, was ihr wichtig war. In den Jahren danach gelang es ihr zwar, wieder Fuß zu fassen, aber die Wut über ihre damaligen Feinde wurde nicht kleiner. Die ganze Lebensfreude wurde »aufgefressen«.

▸ 3. Welche Symptome können jeden Verlust begleiten?

Svetlana hatte sich allerdings angewöhnt, ihre aggressiven Gefühle gegen sich selbst zu richten. Wenn es wieder einmal heiß in ihr hochstieg, biss sie ihre Nägel bis auf die Haut ab, ja sogar bis es blutete.

Bisweilen richtet sich die Wut der Angehörigen *gegen den Verstorbenen* selbst. Ich habe nicht selten den Zorn von Hinterbliebenen erlebt, die erbost waren, dass sie nun mit den Problemen des ganz normalen Alltags allein gelassen wurden. So als ob sich der Verstorbene seine Krankheit oder den Unfall aus reiner Bosheit zugezogen hätte.

Wenn jemand seinem Leben allerdings eigenhändig ein Ende bereitete, macht es die verlassenen Hinterbliebenen sehr oft wütend. Sie fragen sich manchmal nur am Rande, welche Rolle sie selbst bei dem Verzweifelten gespielt haben, sondern »flüchten« in den Zorn. Wie konnte er/sie ihnen das antun? Diese Wut können sie meist besser ertragen als eventuelle Schuldgefühle über ihr Mitwirken an der unerträglichen Situation.

Und manchmal richtet sich der *Zorn gegen Gott …*

→ **Rachegelüste**

Besonders spannungsgeladen gestaltet sich das Leben nach einem Verlust, wenn es (wie zum Beispiel bei Unfällen) offensichtlich *Mitschuldige oder Schuldige* gibt. So ist zum Beispiel der Zorn eines Vaters, der durch mangelnde Achtsamkeit einer Aufsichtsperson sein Kind verloren hat, verständlich. Ebenso verstehen wir die Wut einer Mutter, die ihr totes Kind findet, nachdem es offenbar zum Drogenkonsum angestiftet wurde.

Die meisten Krimis »leben« davon: Archaische Rachegefühle sind sehr oft das Motiv krimineller Handlungen, von Stalking bis zu Gewaltverbrechen. Es heißt nicht umsonst »Rache ist süß!«, denn offenbar findet eine geplagte Seele *nur dann wieder ihre Ruhe, wenn das Bedürfnis nach Rache gestillt ist.* Schon in der Antike hieß es »Aug um Aug«, und bis in die heutige Zeit empfinden viele Menschen große Genugtuung, wenn das

Standbild eines verhassten Herrschers gestürzt oder eine Fahne verbrannt wird. Im »magischen Denken« vieler Menschen ist dann das vergangene Leid oder die Schmach gesühnt und ausgemerzt, selbst wenn sich die Rache nur an den Symbolen ausgetobt hat.

Martina fuhr nach der Disco mit drei Burschen aus ihrem Dorf Richtung Heimat. Das junge Mädchen war zwar halbwegs nüchtern, aber die Jungs hatten dem »Kampftrinken« gefrönt. Aber was soll's – es wird schon nichts passieren … und außerdem gibt es keinerlei nächtliche öffentliche Verbindung in die etwas abgelegene Ortschaft. Die Alleebäume standen im Weg. Niemand überlebte.
Martinas Vater konnte mit seinem Schmerz nicht umgehen. Er führte einen Rachefeldzug gegen die Familien der Freunde, die zwar aus Dummheit, aber sicher nicht absichtlich Martina zu Tode gefahren hatten.

Noch viel heftiger lodert das Feuer in den Herzen der Hinterbliebenen nach einem *Mord*: Wenn die Tochter einem Sexualmord zum Opfer fiel, der Ehemann erschossen wurde, die Frau durch die Vergewaltigung herumziehender Soldaten während eines Krieges starb und dergleichen, sind archaische Rachegefühle manchmal das Einzige, das die Familie zusammenhält.

Rache hat Tradition und ist in den Menschen tief verankert. Sowohl bei Trennungen als auch bei Todesfällen tritt sie oft sehr schnell an die Oberfläche:

»Hast du meine Ehe gestört, störe ich nun deine!«
»Hast du meine Tochter auf dem Gewissen, schaden wir nun jemandem von deiner Familie!«
Oder in manchen Kulturen:
»Hast du unsere Ehre beschmutzt, muss nun die Ehre deiner Sippe dran glauben!«

→ Gleichgültigkeit

Es muss einmal gesagt werden: Bei Weitem nicht alle Menschen sind nach einem Verlust verzweifelt. Das kann mehrere Gründe haben.

Zum einen gibt es Menschen, die zu niemandem ihrer näheren Umgebung ein besonders inniges Verhältnis haben. Sie sind so mit sich selbst beschäftigt, dass sie sich im Grunde für niemanden anderen interessieren als für sich selbst. Bei der Trauer kommt es aber, wie schon gesagt, darauf an, welchen Platz der Verlorene im Herzen des Hinterbliebenen gehabt hat. Wer niemanden in sein Herz einließ, betrauert natürlich auch nicht sein Ausbleiben. Außer allenfalls Selbstmitleid gibt es nur Gleichgültigkeit.

Ganz ähnlich geht es Hinterbliebenen, die eine ausgeprägte *Beziehungsschwäche* haben. Davon gibt es alle Ausprägungsgrade. Autismus ist der stärkste Grad. Autisten nehmen ihre Umwelt nur teilweise wahr und entwickeln kaum Gefühle für die Menschen ihrer Umgebung.

Bei anderen ist im Zuge eines früheren, unverarbeiteten Verlusterlebnisses eine *Beziehungsangst* entstanden. Auch diese Personen halten sich von ihrer menschlichen Umwelt fern.

Und wieder bei anderen Menschen ist ein Zustand eingetreten, der, nur oberflächlich betrachtet, wie Gleichgültigkeit aussieht: *eine innere Leere.* Die Gefühle sind wie abgestorben. Die Betroffenen fühlen sich wie benommen, dumpf, ausgebrannt, versteinert. Manchmal tritt so eine Gefühlslähmung ein, wenn der Verlust *jedes menschliche Maß* überstiegen hat – zum Beispiel *in Kriegen oder bei Naturkatastrophen.*

Schließlich gibt es Menschen, deren Schmerz nach außen kaum sichtbar ist. Sie haben früh gelernt, ihre Enttäuschungen und ihre Trauer zu verbergen, da sie nur negative Reaktionen darauf erlebt haben. Menschen aus einer gefühlskalten Umgebung, die bei harten Menschen, in Heimen oder bei verständnislosen Pflegeeltern aufgewachsen waren, haben sich zwar eine *Maske der Gleichgültigkeit* zugelegt, aber dahinter sind Schmerz und Resignation.

→ Erleichterung und Befreiung

Schließlich gibt es auch noch *das Gegenteil von Trauer*:

Wenn jemand in den Herzen seiner Umgebung nur Ablehnung erzeugt hat, wird sein Verschwinden aus dieser Welt sicher nicht betrauert. Manche Menschen blühen daher richtig auf, wenn ihnen diese »Nervensäge« genommen wird. Erst verzögert merken sie, wie sehr sie von der früheren Situation eingeengt waren.

Konfliktscheue Menschen haben sich jahrelang davor gedrückt, einen echten Schlussstrich unter ihre Beziehung zu setzen. Andere hatten keine Alternative zu den unerträglichen Verhältnissen. Nun hat der Tod einen Part übernommen, den sie allein (vielleicht aus gesellschaftlichen oder ökonomischen Gründen) nicht realisieren konnten. *Das Schicksal hat sie endlich befreit!*

Gerade in früheren Generationen war es in manchen Gesellschaftsschichten nahezu unmöglich, sich scheiden zu lassen. Auch die religiösen Gemeinschaften haben Trennungen meist verurteilt und daher äußerst erschwert.

In dieser Situation hat oft eine innere Trennung schon lange vor dem eigentlichen »Verlust« stattgefunden. Im Laufe der Jahre wurde der Platz für den Partner/die Partnerin im Herzen immer kleiner, bis er schließlich nicht mehr vorhanden war. In diesen Fällen hält sich die Trauer natürlich in Grenzen und wird der Umwelt meist nur vorgespielt, um sich Diskussionen zu ersparen. In Wirklichkeit ist der »zurückgelassene« Partner ausschließlich erleichtert.

Manchmal mischen sich aber die Gefühle der Befreiung mit echten Traueranteilen. Das ist für die Betroffenen häufig sehr verwirrend. Kann man um jemanden trauern, der einen jahrelang schlecht behandelt hat?

Wie bekommt man es auf die Reihe, dass man einerseits erleichtert ist, aber andererseits trotzdem eine Lücke im Leben fühlt?

Christine ist eine aufopferungswillige Frau. Ihr Mann, ein Alkoholiker, machte ihr das Leben zur Hölle. Trotzdem blieb sie

bei ihm und hielt ihm die Treue. Sie war der Meinung, dass er ohne sie auf der Straße enden würde. Als er starb, war sie zwar anfangs erleichtert, aber dann fiel sie (für ihre Kinder völlig unerwartet) in eine Depression. Gerade jetzt, wo sie doch an eine freudvollere Zukunft denken könnte!

Es stellte sich schließlich (in der Psychotherapie) heraus, dass Christine ihr ganzes früheres Leben so sehr auf ihren Mann ausgerichtet hatte, dass sie nun in ein Vakuum gestürzt war. Sie hatte ihre Aufgabe, ihr Gefühl der »Nützlichkeit« verloren. Außerdem hatte sie während all der schlimmen Jahre verlernt, auch außerhäusliche Freuden wahrzunehmen. Ihre neue Identität ohne den Tyrannen musste erst wieder langsam und mühsam aufgebaut werden.

Schließlich gibt es schier endlose Leidensgeschichten, die alle Betreuer überfordern: Krankheiten und schwere Behinderungen, viele Jahre der Bettlägerigkeit, Altersdemenz über Jahrzehnte – zusätzlich noch schlimme Gefühlsausbrüche, wüste Beschimpfungen und Verdächtigungen, Aggressionen bis zur Zerstörung der Einrichtung und vieles mehr.

Selbst die Umwelt spricht in diesen Fällen von einer Befreiung, wenn das Schicksal ein Ende setzt.

‣ 3. Welche Symptome können jeden Verlust begleiten?

Trauer und Trauerarbeit

1. Was ist Trauer?

»Was ist eigentlich Trauer?«, fragt sich so mancher, denn in der Tat kann man so viele *verschiedene Erscheinungsformen* beobachten, wie es Menschen in ihrer persönlichen Mentalität und Ausprägung gibt.

Trauern ist jedenfalls keine Krankheit, sondern ein natürlicher Vorgang, der neben großer Belastung auch positive Erfahrungen zulässt. Interessanterweise ist »Trauer« zugleich Ausdruck des Verlustes wie auch dessen Bewältigung. Es wird eine große Anpassungsleistung gefordert, und diese gelingt nicht immer und in allen Fällen.

Zunächst wollen wir uns einem häufigen Irrglauben zuwenden: nämlich der Annahme, dass es Trauer nur gibt, wenn vorher aus ganzem Herzen geliebt wurde. Ist das Ausmaß der Trauer sogar das Maß für die Liebe? Viele würden diese Frage mit Ja beantworten. Es ist eine weit verbreitete Ansicht, dass untröstliche Hinterbliebene wohl große Liebende sind und waren. Aber ist das wirklich richtig?

Es gibt wohl kaum ein Gefühl, über das es so viele Missverständnisse gibt wie die Liebe.

Es gibt erwiesenermaßen einige »Kombinationen« zweier Menschen, die in ihrer Rollenverteilung ziemlich festgefahren sind und als »Liebe« ausgegeben werden:

➜ der »große Beschützer« und das »kleine Dummerchen«,
➜ die »gute Köchin« und das »Kind im Manne«, das gefüttert werden will. Beide sind der Meinung: »Liebe geht durch den Magen!«
➜ der Held (oder die Heldin), die jeden seelischen Mangel in der Kindheit des anderen nun beheben soll,
➜ alle, die sich gegenseitig sehr nützlich sind, da sie als »Steigbügelhalter« Ruhm, Geld, Ansehen in bestimmten Gruppen, Adelstitel, Beziehungen und anderes sichern.

Sie alle sind einen »Deal« eingegangen, der ihre Beziehung einigermaßen stabil gehalten hat. Ohne Zweifel leiden alle diese Menschen, die aus Nutzdenken eine Beziehung eingegangen sind, an dem erlittenen Verlust. Ihr Leben ändert sich nun radikal. Sie spüren sehr schmerzlich ihren eigenen inneren Mangel. Aber vielleicht wäre Selbstmitleid der passendere Ausdruck für ihre Gefühle ...

Man kann sagen, dass es ebenso viele Missverständnisse über die Trauer wie über die Liebe gibt.

Was können wir also beobachten? *Trauer verläuft nicht immer gleich.* Auf die äußeren Veränderungen im Trauerfall reagieren Betroffene mit den unterschiedlichsten Veränderungen auf allen Ebenen. Die Reaktionen können mitunter tief greifend und anhaltend sein. Es gibt aber auch sehr diskrete, kaum merkbare oder auch hysterisch aufgebauschte Trauer. Oft treten mehrere verschiedene, teils gegenläufige Reaktionen bei derselben Person auf, manchmal sogar kurz aufeinanderfolgend.

Wir sehen weiter: Trauer gibt es, wenn einem etwas entrissen wird. Und: Trauer hat immer etwas mit der eigenen Hilflosigkeit gegenüber dem Schicksal zu tun. Fassen wir also zusammen:

Trauer ist eine individuelle Reaktion auf einen bestimmten Verlust. Sie umfasst alle Bereiche des Lebens: das Fühlen, Denken und Handeln.

Trauer ist keine Krankheit – im Gegensatz zur Depression –, sondern ein gesunder psychischer Prozess nach einem Verlust. Sie bezeichnet mehrerlei:

→ einen emotionalen Zustand und einen seelischen Rückzug,
→ einen Prozess bei der Bewältigung eines schweren Verlustes,
→ ein Zeichen nach außen wie etwa besondere Kleidung nach einem Todesfall. (Vor allem früher bestanden detaillierte Regelungen über die Zeitdauer des Tragens von Volltrauer und Halbtrauer),
→ einen offiziellen Zustand, der von der Regierung bei Unglücksfällen oder nach dem Tod einer hochrangigen Person verordnet werden kann (»Staatstrauer«).

2. Ein rätselhafter Begriff: die Trauerarbeit

Zu Unrecht löst das Wort Trauer oft Angst und Schrecken aus. Zu Unrecht suchen Menschen dem Gefühl der Trauer zu entfliehen. Es ist ein weit verbreiteter Irrtum, dass das Eintreten in einen Trauerprozess etwas Negatives sei. Allerdings bedarf es in jeder Abschiedssituation der Bereitschaft, sich auf einen Prozess einzulassen. Aber ist Einlassen Arbeit?

Zwar hat schon Sigmund Freud über den großen Nutzen der »Trauerarbeit« – der Terminus wurde 1915 von ihm geprägt – geschrieben. Dennoch ist die Trauer ein Thema, das in der psychologischen Literatur bisher eher wenig beachtet wird, gemessen an der großen Bedeutung, die sie für unsere psychische Gesundheit hat.

Aber was ist nun Trauerarbeit?

Und: Gibt es eine »richtige« Trauerarbeit?

Diese Frage stellen sich manche Menschen, nachdem sie einige Zeit nach dem Verlust verstreichen ließen und hofften, dass sich alles von allein einrenken würde. Aber der Schmerz lässt sich nicht einfach wegwischen und die inneren Spannungen lösen sich nicht einfach von selbst. Jedenfalls braucht man *Zeit*: um sich zu spüren, um Abschied zu nehmen und um begreifen zu lernen.

Ehrlichkeit zu sich selbst ist die Grundvoraussetzung für das Eintreten in den heilsamen Trauerprozess!

Und hier scheint der Haken zu sein: Viele Menschen sind wahre Profis im *Sich-Selbst-Belügen*. (Diese Tatsache konnte oder musste ich in Therapiegesprächen sehr häufig feststellen.) Was nicht sein soll, wird einfach geleugnet, ignoriert, übersehen oder zumindest beschönigt.

Die zweite Grundvoraussetzung ist das *Annehmen der Mühe*, die mit der Trauerarbeit verbunden ist. Es fällt schwer, das Fehlen von Spannkraft zu ertragen, es fällt schwer, Tränen, Wut, Zorn auszuhalten, es fällt ebenso schwer, den bohrenden Fragen nach dem »Warum« nachzugehen, und es fällt schließlich schwer, tiefschwarze Stunden, Tage, Wochen zu ertragen. Phasen der Hoffnungslosigkeit, in der das Leben und Weiterleben scheinbar keinen Sinn mehr haben, können den Prozess einleiten. Damit muss man rechnen.

Trauerarbeit wird also als Verhalten des Menschen zur Bewältigung seelischen Schmerzes, ausgelöst durch einen Verlust, definiert. Das ist manchmal Schwerarbeit, auch wenn kein einziger Muskel dabei beansprucht wird.

Indem man sich der Trauer überlässt, in einen Trauerprozess eintritt, verarbeitet man den Verlust. *Man löst sich von dem, was man verloren hat, besinnt sich wieder auf sich selbst und kehrt optimalerweise verändert »in die Welt« zurück.* Wird die Trauerarbeit nicht geleistet, ist der Abschluss des Trauerprozesses nicht möglich. Das bedeutet, dass man mitunter lebenslang an einer bestimmten Stelle »hängen bleibt« und die eigene Weiterentwicklung behindert.

Der Trauerprozess ist also kein passiver Vorgang nach dem Motto »Die Zeit heilt die Wunden«, bei dem automatisch etwas mit einem geschieht. *Der Trauernde muss aktiv werden und eine Reihe von Aufgaben lösen.*

Das Wort »Arbeit« ist daher sehr passend.

Trauerarbeit bedeutet auch, mit den eigenen Kraftquellen und der eigenen Kreativität in Kontakt zu kommen, um ganz individuell mit den anstehenden Aufgaben umzugehen.

3. Trauer als Prozess

Bevor wir uns einige Phasenmodelle ansehen, möchte ich darauf hinweisen, dass alle schematischen Modelle notgedrungen eine gewisse Passivität suggerieren. Es scheint, als ob sich die Phasen ereignen und man sie nur über sich ergehen lassen muss. Tatsächlich erfordert Trauer aber ein aktives Sich-darauf-Einlassen und Bewältigen. Gefordert ist ein hohes Maß an Anpassungsfähigkeit und Eigenverantwortlichkeit.

Wichtiger Hinweis:

Die folgenden Modelle beziehen sich ausschließlich auf Todesfälle von Menschen, die einem sehr nahestanden. Die Trauer im weiteren Sinn (wie wir sie zu Anfang skizziert haben) wurde von den Trauerforschern bisher nicht beachtet. Ich bitte alle Betroffenen, die Verluste von Tieren, Sachen, Lebensspannen, Fähigkeiten und dergleichen zu betrauern haben, sich trotzdem die Phasen nach Todesfällen anzusehen, da ihre Reaktionen auf den Verlust zum Teil durchaus ähnlich verlaufen können. Alle weiteren Kapitel mit Hilfen aller Art, um aus dem Trauerprozess wieder herauszukommen, sind jedenfalls allen gewidmet, die einen Verlust jedweder Art beklagen.

➔ Die Trauer verläuft gewöhnlich in mehreren Phasen. Dennoch ist festzuhalten, dass jeder Trauerprozess sehr individuell ist. Daher können die folgenden Versuche einer Einteilung nur als grober Richtwert gelten. Sowohl die Länge als auch die Intensität ist bei jedem Menschen und auch bei jedem seiner Trauerfälle immer anders. Die Vorerfahrungen und die Art der Persönlichkeit bestimmen den Prozess.

➔ Die einzelnen Phasen können selbstverständlich auch ineinandergreifen, oder es treten Rückfälle auf. Die einzelnen Trauerphasen können sich überlappen, zusammenfallen und sich miteinander vermischen. Der Trauernde kann auch eine ganze Zeit lang auf die Lösung nur einer bestimmten Aufgabe fixiert sein.

➔ Es lassen sich keine Aussagen darüber machen, zu welchem Zeitpunkt welche Aufgabe vom Trauernden in Angriff genommen werden soll. Manchmal werden die Trauerphasen nicht oder kaum merklich durchlaufen. Abgesehen von den verschiedenen psychischen und körperlichen Symptomen, die immer wieder unangesagt auftreten können, wenn es einen seelischen Stolperstein bei der Bewältigung der Trauer gibt, können auch Tiefpunkte bis zu kleinen Zusammenbrüchen auftreten.

→ Besonders gefährdet ist zum Beispiel der Jahrestag des Verlustes, das Erreichen desselben Alters wie der Verstorbene
oder alle Arten von kleinen bis größeren Verlusten, die unbewusst an den eigentlichen Verlust erinnern und eine Flut
von dazugehörigen schmerzlichen Gefühlen aus der Tiefe der
Seele hochspülen.

4. Phasen und Modelle des Trauerprozesses nach Todesfällen: Kübler-Ross, Kast, Spiegel

Bis in die späten 60er-Jahre des vorigen Jahrhunderts waren
Sterben, Verlust und Trauer kein Thema der psychologischen
Forschung. Vielleicht hatte man nach dem Zweiten Weltkrieg
und den Gräueln der Judenverfolgung eine gewisse Scheu, sich
mit diesem Thema näher zu befassen. Dann allerdings begannen
einige Feldforschungen, die zu einer Systematisierung führten.
Einige Ansätze wollen wir dabei herausnehmen und näher betrachten. Wie schon erwähnt, handelt es sich dabei jeweils um
Trauer nach Todesfällen.

Die Phasenmodelle sollen den Betroffenen einen Richtwert
zur Orientierung geben.

Elisabeth Kübler-Ross
gilt als Begründerin der Sterbeforschung. Kübler-Ross (geboren am 8. Juli 1926 in Zürich; gestorben am 24. August 2004
in Scottsdale, Arizona) war eine schweizerisch-amerikanische
Psychiaterin. Sie befasste sich mit dem Tod und dem Umgang
mit Sterbenden, mit Trauer und Trauerarbeit. In ihrem 1969
erschienenen Buch »Über den Tod und das Leben danach« beschrieb sie fünf Phasen des Abschieds. Kübler-Ross bezog diese
Phasen ursprünglich auf jede Art von persönlichen Verlust. Ge-
nauer sind es unbewusste Strategien zur Bewältigung schwieriger Verlustsituationen: Nicht-wahrhaben-Wollen und Isolierung,
Zorn, Verhandeln, Depression und Akzeptanz. Da es sich beim

Sterben um einen beidseitigen Trauerprozess handelt, wurde ihr Phasenmodell auch in der Trauerbegleitung verwendet. Durch zahllose Vorträge gab sie insbesondere Ärzten, Pflegekräften, Sozialarbeitern und Seelsorgern entscheidende Impulse zum Umgang mit sterbenden und trauernden Menschen.

Trauerprozess in vier Phasen von Verena Kast

1970 legten John Bowlby und Collin Murray Parkes ein vierphasiges Modell vor, das 1982 von Verena Kast mit dem Modell von Kübler-Ross verschmolzen, mit Elementen der analytischen Psychologie versehen und zu einem vierphasigen Modell verarbeitet wurde (»Trauern. Phasen und Chancen des psychischen Prozesses«). Diese Phasen laufen zwar nacheinander, aber nicht streng voneinander getrennt ab und sind zurzeit eine häufig benützte Orientierungshilfe für Betroffene.

Verena Kast teilte den Trauerprozess nach dem Tod eines nahen Menschen in folgende Phasen ein:

→ Erste Phase: Nicht-wahrhaben-Wollen
→ Zweite Phase: Aufbrechende Emotionen
→ Dritte Phase: Suchen, finden, sich trennen
→ Vierte Phase: Neuer Selbst- und Weltbezug

Diese Phasen wollen wir uns nun einzeln ansehen:

a) *Die Phase des Nicht-wahrhaben-Wollens*: Wie in einem seelischen Schock befinden sich manche Betroffene zuerst in einer Phase, in der sie sich weigern zu glauben, dass der für sie wichtige Mensch wirklich gestorben ist, und versuchen sich einzureden, dass alles nur ein böser Traum sei. In einer Art emotionaler Anästhesie schützen sich Körper und Seele so vor der Überwältigung durch ein starkes Gefühl, mit dem sie nicht umgehen können. Diese erste Zeit, in der man oft ganz gut die nötigen Arbeiten und Formalitäten für den Todesfall erledigen kann, ohne von den eigenen Gefühlen überrollt zu werden, kann Stunden, aber auch Tage dauern. Tritt der Verlust plötzlich und unerwartet ein, hält dieser Zustand in der Regel länger an, als wenn man mit dem Abschied bereits gerechnet hat (wie etwa bei schwerer Krankheit).

»Es darf nicht wahr sein, es kann nicht wahr sein, es ist alles nur ein böser Traum.«

b) Phase der aufbrechenden Emotionen: Heftige, mitunter widersprüchliche Gefühle wie Zorn, Schuld, Angst, Schmerz, Sehnsucht und Liebe können kurz hintereinander hochkommen und zeigen an, dass die Betroffenen den Boden unter den Füßen verloren haben. Auch der Körper kann völlig aus dem Gleichgewicht kommen. Man kann entweder nicht schlafen oder ruhig sitzen, oder man ist starr und kommt kaum noch aus dem Bett. Ebenso kommen Heißhunger oder Appetitlosigkeit vor. Oft beginnt die Suche nach einem Schuldigen für den Verlust: die Ärzte, das Schicksal, Gott. Erst nach längerer Zeit kann auch der Zorn auf denjenigen, der gegangen ist, zugelassen werden. Das sollte niemanden erschrecken, denn es ist ein Teil des natürlichen Ablösungsprozesses, den erwiesenermaßen Außenstehende nicht immer nachvollziehen können.

Diese Phase ist die schmerzlichste und schwierigste Phase in der Trauerbewältigung.

c) Phase des Suchens und Sich-Trennens: Nach dem sich langsam beruhigenden Gefühlschaos sucht der Trauernde bewusst nach den Erinnerungen, betrachtet Fotos, besucht Örtlichkeiten, die ihn an den Verlorenen erinnern. Nun ist es möglich, sich in Gedanken mit dem Verlust zu beschäftigen. Es handelt sich dabei um einen langsamen Prozess des Integrierens der vergangenen Zeit in das neue Lebensgefüge. Bei dieser Erinnerungsarbeit ist es besonders wichtig, dass es Menschen gibt, die den Geschichten um den Verlorenen zuhören. Durch das intensive Erinnern werden alle Einzelheiten des gemeinsamen Lebens im Gedächtnis verankert. Das ist nötig, um den Verlust schließlich zu akzeptieren. Besonders günstig für den weiteren Verlauf erweist es sich, wenn in dieser Phase auch noch ungelöste Probleme mit der verlorenen Person aufgearbeitet werden können.

Körper und Seele stabilisieren sich langsam wieder. Man kann sich zeitweise wieder konzentrieren und über etwas freuen. Es gibt zwar noch Stimmungsschwankungen, aber langsam gelangt man wieder zu seinem normalen Rhythmus.

d) Die Phase des neuen Selbst- und Weltbezugs: So langsam beginnt man, sich nach außen zu orientieren. Nun beginnt die Zeit, in der der Trauernde wieder selbstständiger wird. Der Verlust wird akzeptiert, neue Lebensmuster treten als Bereicherung in Erscheinung. Dazu ist es nötig, die Situation nicht mehr zu verleugnen, sondern sie in vollem Ausmaß zu akzeptieren. Nun beginnt »die Zeit die Wunde zu heilen«. Der Gedanke an die verlorene Person verursacht nicht mehr so starke seelische Schmerzen. Es gelingt den Trauernden, das Hier und Jetzt wieder wahrzunehmen und den Blick auf die Zukunft zu richten. Schließlich kommt es zu einem neuen seelischen Gleichgewicht.

Trauerprozess in vier Phasen von Yorick Spiegel

Der Theologe Yorick Spiegel (geb. 1935) beschrieb bereits 1972 ebenfalls vier Trauerphasen, die sich zum Teil von den Phasen, wie sie Kast beschreibt, unterscheiden. Diese Trauerphasen beziehen sich (wie bei Kast) ebenso ausschließlich auf Todesfälle.

Schockphase

Nach der Todesnachricht tritt ein Schock ein (in der Dauer von einigen Stunden bis zu wenigen Tagen). Der Trauernde will den Tod nicht akzeptieren und ist zu keiner Gefühlsregung fähig. Die Stärke dieser innerlichen Betäubung richtet sich vielfach danach, ob die Todesnachricht unerwartet oder vorbereitet war. Die Betroffenen nehmen in dieser Phase nur relativ wenig von ihrer Umwelt wahr. Sie sind in dieser Zeit kaum ansprechbar; je nach Schwere des Schocks zeigen sich Ansätze des Zusammenbruchs ihrer persönlichen Welt. (Falls es Angehörige gibt, die nicht so stark betroffen sind, greifen sie meist ein und versuchen eine minimale Kontrolle über den Alltag aufrechtzuerhalten.)

Kontrollierte Phase

Die Organisation und Durchführung der Beerdigung beziehungsweise das Bemühen der Familienangehörigen und Freunde, einen möglichen Zusammenbruch zu verhindern, schaffen eine starke Kontrolle der Gefühle und Affekte des Trauernden. Er erfährt sich in dieser Phase als ziemlich passiv und ist kaum in der Lage, eigene Entscheidungen durchzusetzen. Durch die zusätzliche starke Selbstkontrolle entsteht ein innerer Abstand zur Realität. Hinter dieser Fassade des Trauernden entsteht oft ein Gefühl der Leere. Diese Verdrängung der Situation ist ein Abwehrmechanismus, der in vielen Fällen die Selbstkontrolle aufrechterhält. Der Trauernde spricht oft nur das Nötigste mit den ihn umgebenden Menschen. Er erlebt die Umwelt und sich selbst in einer unwirklichen Distanz oder als unbeteiligter Zuschauer in einem Film, der an ihm vorüberzieht.

Wenn sich die Verwandten und Freunde nach der Beerdigung endlich zurückziehen, geht diese kontrollierte Phase meist zu Ende.

Phase der Regression

In dieser Phase ist der Trauernde ganz auf sich zurückgeworfen. Die hilfreichen Aktivitäten der Umwelt haben aufgehört. Das Interesse am »äußeren« Leben ist gering, wichtig ist jetzt die Verarbeitung des Erlebten. Dabei macht sich der Trauernde oft ein Idealbild des Verstorbenen und blendet negative Erfahrungen zunächst aus. Dadurch werden die Trauer und die Verlusterfahrung noch weiter vergrößert. Der Betroffene erlebt nun immer mehr, dass das gemeinsame Leben nicht mehr existiert. Er reagiert darauf zum einen mit starken Gefühlen, zum anderen zieht er sich sehr zurück und überlässt sich mehr oder weniger der Hilflosigkeit. Dem Entgegenkommen von Freunden oder Verwandten gegenüber verhält er sich oft abweisend, obwohl er sich gleichzeitig diese Hilfe wünscht. Meistens gibt es keine (oder zu wenige) Muster aus früheren Zeiten, wie man mit einer derartigen Krise umgeht. Demzufolge zieht er sich ganz auf frühere Entwicklungsstufen zurück. Der Trauernde befindet sich in der Phase der Regression. Das bedeutet, dass er auf Verhaltensweisen zurückgreift, die in der Kinderzeit gültig waren.

Körperlich kommt es oft zu Symptomen wie Appetitlosigkeit (damit verbunden Gewichtsverlust, Verdauungsschwierigkeiten), Schlaflosigkeit, permanente Müdigkeit und vermehrter Gebrauch von Betäubungsmitteln wie Alkohol, Nikotin und sedierenden Medikamenten.

Phase der Anpassung

Langsam versucht der Trauernde schließlich, wieder in sein altes Leben zurückzukommen. Die Trauerbewältigung läuft in dieser Phase keineswegs kontinuierlich ab: Es gibt oft kurzfristige Rückschritte in vorherige Stadien des Trauerprozesses. Dabei kann die ganze Schwere der Trauer wieder da sein, doch klingen diese Abschnitte meist schneller ab als in der regressiven Phase. Nach und nach gelingt es, auch die weniger schönen Anteile in der Erinnerung wieder zuzulassen. Zumeist erst nach mehreren Monaten ist der Trauernde wieder in der Lage, sich seiner Umwelt vermehrt zuzuwenden und eventuell neue Beziehungen schrittweise einzugehen. Normalerweise ist diese Phase etwa nach einem Jahr abgeschlossen.

5. Das Ende des Trauerprozesses: der Abschied

Der Prozess des Trauerns ist keine Sache von Tagen oder Wochen. Die Trauerarbeit dauert etwa sechs bis neun Monate, aber auch ein Jahr ist nicht ungewöhnlich, wie das in vielen Ländern Europas institutionalisierte und noch vielfach eingehaltene Trauerjahr beweist.

Es ist in jedem Fall ein tröstlicher Gedanke, dass sich die Trauer, der man sich stellt, verändert. Häufig wird sie nach einem Jahr leichter. Man hat den Lauf des Jahres einmal erlebt und auch überlebt, man hat Weihnachten, Geburtstage und Jahrestage einmal überstanden, und das gibt einem ein bisschen Kraft, darauf zu vertrauen, dass man es im nächsten Jahr wieder überleben wird.

In der Literatur gibt es allerdings wenig Übereinstimmung über die Dauer der Trauer. Früher hatte man angenommen, dass sie nur ein paar Monate anhält. Heute geht man davon aus, dass in einzelnen Lebensbereichen (wie gemeinsame ehemalige Beschäftigungen) der Verlust noch Jahre quälen kann und vielleicht auch nie überwunden wird. Nach einem Verlust liegen alle ehemaligen Berührungspunkte wie offene Wunden da.

Den Schmerz sollte man jedenfalls nicht mit Tabletten, Alkohol oder Süßigkeiten betäuben (zumindest nicht länger als ein paar Wochen). Ein Tagebuch, dem man Tag und Nacht alle Gefühle und aufkommenden Gedanken anvertraut, kann gute Dienste dafür leisten.

Die Verarbeitung einer Trauer ist wie eine Bergbesteigung. Man muss im Tal beginnen und sich langsam hinaufarbeiten. Oben angekommen, hat man einen guten Überblick, und man kann wieder eine neue Lebensperspektive für sich erkennen.

Sicher ist, dass man alles Verlorene, gleichgültig ob Partner, Kind, Angehöriger, Freund oder Heimat, nie vergessen wird. Das ist auch nicht das Ziel. Die Erinnerung wird im Laufe der Zeit jedoch nicht mehr so unerträglich sein, und die Trauer wird nachlassen.

Man merkt selbst am besten, wenn sich die Dinge zum Positiven verändern. Eines wird dabei klar: Im Schnellverfahren geht es nicht! Trauer braucht viel Zeit.

Manche Menschen in unserer Gesellschaft, die dem »Alles ist machbar« frönen, tun so, als ob Abschiednehmen nur ein Unheil wäre. Es sollte am besten verhindert und abgewendet werden. Am eindrucksvollsten kann man das täglich in den Zeitungen und Frauenmagazinen beobachten. Sie tun so, als ob man nur genügend »anti-aging« anwenden oder schlucken müsste, um sich niemals von einer gewissen körperlichen Verfassung verabschieden zu müssen. Tatsache ist aber, dass Abschiede ein Teil unseres Lebens sind. Wenn man sie nicht akzeptiert, verschwendet man unnütz Energie für die Abwehr von etwas Unvermeidlichem. Abschiede gehören zum Leben wie die Sterne zum Himmel.

Ein Abschied ist grundsätzlich immer ambivalent.

Unter Ambivalenz versteht man das Nebeneinander von gegensätzlichen Gefühlen, Gedanken und Wünschen.

Jeder Abschied ist gleichzeitig ein schmerzender Verlust und eine Befreiung von vielleicht eingefahrenen Gleisen (auch wenn man sie sich im Augenblick nicht eingestehen will). Es sind die Erinnerungen an schöne Zeiten, die es so schwer machen, die Gegenwart zu ertragen. Oder es dominiert die Erinnerung an erlittene gemeinsame Zeiten, die verhindern, auch die Trauer wenigstens ein bisschen zu spüren.

Wenn es möglich ist, die gemeinsame Vergangenheit als eine »Geschichte« – ohne Groll und ohne Schmerz – zu betrachten, ist der Vorgang des Abschiednehmens gelungen.

Schließlich gelangt man zu einem neuen körperlichen und seelischen Gleichgewicht. Wehmut taucht manchmal auf, wenn man an die Vergangenheit denkt – das ist normal. Das Verlorene wird man nie ganz ersetzen können. Aber der Blick richtet sich mehr und mehr auf das, was man im Leben noch haben kann.

Wenn eine neue Lebensaufgabe gefunden und der Alltag wieder zu bewältigen ist, dann ist die Trauerarbeit beendet.

Rituale: öffentliche und private Formen der Trauer

JEDES EREIGNIS IM LEBEN hat auch seine Form in der jeweiligen Kultur. Seit Jahrtausenden gibt es Trauergebräuche und Rituale – das konnte durch Funde nachgewiesen werden. *Rituale versuchten in allen Zeiten eine stabilisierende Rolle zu spielen.* Sie waren und sind offenbar hilfreich, das Unbegreifliche und Beängstigende einordnen zu können.

Rituale stellen in der Zeit der Trauer eine wichtige Möglichkeit dar, mit den Geschehnissen besser umzugehen. Sie markieren einen Wechsel von der alten in eine neue Situation und signalisieren: Alles hat einen Anfang und ein Ende. Und nach jedem Ende kommt wieder ein Anfang.

Sehr unterschiedliche Abschiede können ihre speziellen Formen finden. So gibt es heute manchmal Scheidungsfeste oder in manchen Kulturen gefeierte Übergänge im Laufe eines Lebens (wie zum Beispiel den Abschied von der Kinderzeit und den Eintritt ins Erwachsenenalter). Auch der letzte Tag der Freiheit des Singledaseins, der »Polterabend«, ist vielen ein wichtiger Anlass, ist ein Ventil für ausgelassene Gefühle.

Rituale helfen den Betroffenen, ihre Gefühle auf sozial anerkannte Weise zum Ausdruck zu bringen. In unserer Gesellschaft wird allerdings dem Ausdruck der Trauer nur ein sehr schmaler Bereich zugeordnet. Im Gegensatz zu vielen außereuropäischen Völkern, in denen Klagen, Weinen, Schreien nach einem Verlust sogar erwartet wird, gibt es bei uns rigide gesellschaftliche Regeln. Trauert jemand nach Ansicht seiner Umgebung »zu viel«, bekommt er Ratschläge wie »lass dich nicht so hängen«. Andererseits bekommen Menschen, die (zumindest nach außen hin) relativ schnell wieder unbeschwert sind, oft eine schlechte Nachrede. Man mutmaßt, dass es mit ihrer Liebe »wohl nicht so weit her sein kann«.

Wir wissen aber, dass es nicht in allen Kulturen so traurig und schwermütig zugeht wie bei uns. In Indien beispielsweise kann man bei jedem Begräbnis eine gewisse Heiterkeit erleben. Der Tod ist das Ende eines Abschnitts, und jeder freut sich mit dem, der in eine andere Welt übertritt.

In Zentralafrika wird durch die Bräuche eindrucksvoll gezeigt, wie man sowohl der Trauer als auch dem Loslassen von ihr einen Platz einräumt. In Ghana zum Beispiel kommt die ganze Sippschaft nicht nur zum Begräbnis, sondern auch bei späteren Besuchen der Grabstätte symbolträchtig in Schwarz-Weiß gekleidet. Die Frauen schluchzen und weinen am Grab. Dann verlassen sie gemeinsam den Friedhof. Kaum haben sie die Grenze des Friedhofs erreicht, beginnen sie laut zu scherzen, zu singen und zu tanzen. Auf diese Art und Weise wird die Trauer nicht in den Alltag mitgenommen. Wir wissen: Trauernde müssen sich in ihrer Trauerarbeit in zwei Richtungen bewegen. Sie müssen zuerst auf den Tod zu und dann wieder ins Leben hineingehen.

In allen diesen »Schwellensituationen« sind Übergangshilfen wohltuend.

Wir wollen uns nun Abschiede von Verstorbenen ansehen. Ein Teil davon geschieht in der Öffentlichkeit, mit »Publikum« und Mittrauernden. Nach den traditionellen Formen werden heute auch neue, persönliche Möglichkeiten des Abschieds gestaltet. Schließlich gibt es aber immer auch einen ganz privaten, intimen Bereich, der mindestens ebenso wichtig für die Trauerarbeit ist, sich aber den Blicken der Umwelt entzieht.

1. Formen der Trauer in der Öffentlichkeit

Übergänge, wie es Abschiede nun einmal sind, überfordern die meisten Menschen. Eigentlich will man von seinen wahren Gefühlen gar nicht so viel preisgeben. Aber wie soll man sich nun verhalten? Die in allen Kulturen verankerten Rituale helfen in dieser Situation aus der Verlegenheit: Sie bieten Formen an.

Formen erleichtern grundsätzlich den Umgang mit neuen Situationen. Wenn jemand noch nie in der Oper war, aber den starken Wunsch in sich hegt, sich einmal (je nach Geschmack) »Figaros Hochzeit« oder »Die Meistersinger« anzusehen, wird er vielleicht einen Kundigen fragen. Dann wird er erfahren, wie man zu Karten kommt, wie der Dresscode ist, dass man in der Oper selbst der Beschilderung folgen muss, die einen ins »Parterre Mitte« oder in den »2. Rang links« leitet, sich bei der dort befindlichen Garderobe der Jacke und des Regenschirms entledigt und sich schließlich bei der Billeteuse ein Programm kauft und den Platz zeigen lässt.

Wer solcherart gerüstet ist, wird sich leichten Herzens zur Oper begeben und keinen Gedanken mehr darauf verschwenden, ob er sich wohl adäquat verhalten wird.

In Situationen, in denen man noch kein Repertoire hat, ist man unsicher. Wenn es um Verluste und Trauer geht, empfinden es viele Betroffene als äußerst hilfreich, wenn ihnen die Gesellschaft gewisse Formen »zur Verfügung« stellt. Innerhalb dieser Normen wissen sie, dass sie in ihren Gefühlsäußerungen unangreifbar sind, denn sie sind gesellschaftlich akzeptiert. *Die Rituale strukturieren, orientieren und begleiten in der neuen Situation. Und sie kanalisieren die Gefühle.*

Bei uns und in einigen anderen Ländern war (zumindest bis vor Kurzem) das sogenannte »Trauerjahr« üblich. Die zeitliche Begrenzung der Trauer wurde oft als sehr hilfreich angesehen: Zuerst zog sich ein Hinterbliebener ein Jahr lang von diversen gesellschaftlichen Ereignissen zurück und kleidete sich auch so, wie es am jeweiligen Ort dem Anlass entsprach. Nach einem Jahr ist aber klar – jetzt ist genug! Allen, die aus einem Schuldgefühl heraus nicht sicher waren, ob sie wohl genug getrauert hätten, wurde nun die Entscheidung abgenommen. Sie haben getan, was man gesellschaftlich erwartet.

In verschiedenen Kulturen gibt es unterschiedliche Sichtbarmachungen der Trauer: von Weinen, spezieller Kleidung, Gesängen bis zu Vorschriften und Verboten diverser Tätigkeiten in einem angemessenen Zeitraum.

Orientalen wollen im Allgemeinen ihre Gefühle weit weniger beherrschen als wir Abendländer. In arabischen Ländern ist es gang und gäbe, in großes Wehklagen auszubrechen. Dafür sind die »Klageweiber« engagiert.

Bei uns ist höchstens möglichst leises Weinen akzeptiert – beim Begräbnis werden die Tränen oft sogar durch einen schwarzen Schleier vor Blicken geschützt.

Als ich einmal erlebte, wie eine Witwe (deren Ehe man in der Nachbarschaft als nicht gerade die beste bezeichnete) am Rand des Grabes des Verstorbenen laut aufschrie: »Jetzt liegt er unten, in der Grube!«, runzelten die meisten die Stirn.

Orte, Zeiten und eine Gemeinschaft des Gedenkens helfen jedoch. Die christliche Tradition bietet einige Gelegenheiten dazu: Außer der »Seelenmesse« gibt es auch noch den »Totensonntag« (den Sonntag vor dem 1. Adventssonntag) beziehungsweise »Allerseelen«, an denen ausschließlich der Toten gedacht wird.

Diese Feiertage stellen einen wichtigen und genau umschriebenen Handlungsablauf im Umgang mit Vergänglichkeit und Abschiednehmen dar.

Das Ritual der Bestattung dient jedenfalls vorrangig der Trauerbewältigung der Nachkommen. In unterschiedlichen Kulturkreisen gibt es dafür eigene Formen.

Angehörige von christlichen Religionsgemeinschaften werden nach ihrem Tod üblicherweise auf Friedhöfen beigesetzt. Oft erfolgt in der Kirchengemeinde eine Andacht oder »Seelenmesse«. Glockengeläute und letzte Worte sollen die Seele begleiten und die Angehörigen trösten.

Wir wissen aus archäologischen Funden, dass es seit vielen tausend Jahren auf der ganzen Welt unterschiedliche und ritualisierte Arten der Bestattung gibt. So gibt es Sargbestattungen auf entsprechenden Plätzen oder in Krisenzeiten notfalls auch ein Massengrab. Es gibt Feuerbestattungen oder auch Naturbestattungen unter Bäumen oder auf Bergwiesen.

Obwohl die Feuerbestattung in Mitteleuropa bereits seit der Bronzezeit üblich ist und war, wurde sie im Christentum jahrhundertelang abgelehnt. Der Grund ist in einem wörtlichen Verständnis der Auferstehung der Toten zu suchen. Wenn der Körper des Verstorbenen bei der Auferstehung von Gott wieder zum Leben erweckt würde, sollte er nicht durch Feuer zerstört sein. Demgegenüber orientiert sich die christliche Erdbestattung an der Grablegung Jesu Christi. Seit der Mitte des 19. Jahrhunderts verstärkte sich allerdings die Forderung nach einer Feuerbestattung aus mehreren Gründen. Die Ärzteschaft lobte die Feuerbestattung als die hygienischere Bestattungsform, die Arbeiterverbände und die aufkeimende Sozialdemokratie sah hier eine kostengünstigere Bestattungsart, und die sich ausbreitenden areligiösen Verbände wie die Freidenker propagierten die Feuerbestattung gezielt, auch in bewusster Abgrenzung zur christlichen Bestattungskultur, da das Konzept der Auferstehung abgelehnt wurde. Das erste Krematorium in Deutschland wurde 1878 eingerichtet, doch das erste österreichische Krematorium – die Feuerhalle Simmering in Wien – wurde erst 1922 eröffnet. Schließlich wurde 1964 im katholischen Kirchenrecht das Verbot der Feuerbestattung aufgehoben.

In der orthodoxen Kirche wird die Feuerbestattung bis heute abgelehnt. In Griechenland wurde sie erst 2006 legalisiert.

Im Islam gibt es genaue Regeln für die Begleitung des Verstorbenen. Die Gebete, die rituelle Waschung des Leichnams und die Beerdigung sind im Ablauf festgeschrieben. In Leinentücher gewickelt, wird der Verstorbene ins Grab gelegt, mit Blickrichtung nach Mekka. Die Bestattung soll unverzüglich, möglichst noch am Sterbetag, erfolgen. Für gläubige Muslime ist die Erdbestattung die einzig mögliche Bestattungsform, die Feuerbestattung ist nicht zugelassen.

Auch im Judentum sind Erdbestattungen vorgeschrieben. Beim Begräbnis werden Psalmen zitiert, und die Trauergäste werfen Erde auf den Sarg. Dann erfolgt ein gemeinsames Essen, und es wird Trost gespendet. Die siebentägige Trauerwoche, die sogenannte Schiv'a, schließt sich an die Beerdigung für die Hinterbliebenen an.

Im Hinduismus sind die Rituale je nach Familie und Kaste unterschiedlich. Der Tod ist die Reise ins Jenseits, zum Göttlichen. Der Körper des Toten wird gewaschen, und es wird ein Totengebet gesprochen. Hindus werden immer kremiert (in Europa im Krematorium).

Der Ritus im Buddhismus erfordert, dass der Tote zunächst im Haus aufgebahrt wird, auch wenn er im Krankenhaus verstorben ist. Hier erfolgt das Abschiednehmen durch Nachkommen und Trauergäste in gemeinsamen Gesängen und Liedern. Der Tote wird verbrannt, und die Asche wird entweder beerdigt, also im Wortsinn der Erde übergeben, verstreut oder aufbewahrt. Das Verstreuen erfolgt je nach den regionalen Besonderheiten an Land oder in einem Gewässer. Um die Asche aufzubewahren, werden besondere Urnen, aber auch Vasen oder Krüge benutzt.

Da es in unseren Breiten eine große Vielfalt an Kulturen und Lebensauffassungen gibt, hat man natürlich auch Formen geschaffen, die diese Vielfalt zulassen. Falls der Verstorbene keiner Religionsgemeinschaft angehört hat oder eine religiöse Feier zur Bestattung nicht gewünscht wird, kann im Rahmen der Bestattung eine weltliche Trauerfeier stattfinden, die meist von einem freien Trauerredner oder auch einem Redner einer bestimmten Weltanschauungsgruppe gestaltet wird.

Die Haltung zur »letzten Ruhestätte« ist laut Erhebungen in einem Wandel begriffen. Eine wachsende Anzahl von Menschen entschließt sich heute zu einer »Körperspende«. Sie stellt wohl die persönlichste Spende dar, die ein Mensch leisten kann. Schließlich wird der Körper nach seinem Ableben von Studenten und Wissenschaftlern genau betrachtet und sogar in seine Einzelteile zerlegt. Trotzdem geben sieben Prozent der Deutschen zurzeit an, dass sie ihren Körper der Forschung überlassen wollen. Meistens sind es ältere Leute, die sich zu diesem Schritt entscheiden, aber auch Studenten wollen ihren Körper der Wissenschaft zur Verfügung stellen .

Anders als beispielsweise bei der Organspende können Angehörige nicht über eine Körperspende entscheiden. Deswegen ist es wichtig, dass man sich zu Lebzeiten Gedanken darüber macht und seine Angehörigen informiert, sollte man sich für eine Spende entscheiden. (Ebenso sollte man immer seinen Körperspendeausweis bei sich führen.)

Die Gründe, die einen Menschen dazu bewegen, seinen Körper der Lehre und Wissenschaft zu spenden, können unterschiedlich sein. Meistens gibt es den Wunsch, den Lebenden durch bessere medizinische Forschung mit seiner Spende zu helfen. Manchmal haben die in der Zukunft Betroffenen einen Abscheu vor Begräbniszeremonien und möchten diese unbedingt vermeiden. Bisweilen möchten sie aber auch ihre Hinterbliebenen finanziell entlasten oder sie von der Grabpflege entbinden. Das bedeutet aber nicht, dass die Körperspende eine kostenlose Alternative zur einer klassischen Beerdigung darstellt. Seit einigen Jahren müssen die Körperspender zum Beispiel in Leipzig eine Summe von € 1000,– an das Institut zahlen. In Wien beträgt dieser Unkostenbeitrag € 450,–. Dieser Betrag deckt alles Weitere ab: die Ausstellung des Totenscheins, die Überführung des Leichnams, die Einäscherung sowie die Beisetzung in einer Urne und die Grabpflege eines dafür vorgesehenen Sammelareals. Um Angehörigen dennoch die Möglichkeit zu geben, Kränze, Fotos oder Kerzen zu hinterlegen, wurde kürzlich in Wien eine Anatomie-Gedenkstätte eröffnet.

Obwohl es verdienstvoll ist, die Wissenschaft unterstützen zu wollen, sollte jeder, der mit diesem Gedanken spielt, überlegen, ob es nicht Angehörige gibt, die die Menschenwürde (die doch auch über den Tod hinaus geht) verletzt sehen. Ihre Gefühle sind auf jeden Fall ernst zu nehmen.

2. Persönliche Formen

Heute ist vieles möglich, das früher undenkbar gewesen wäre. Die Asche, die normalerweise in einer Urne aufbewahrt wird, kann nun auch auf See und aus einem Ballon ausgestreut werden. Man kann sogar die Asche durch Umformung des Kohlenstoffs zu einem Diamanten, den man als Erinnerungsstück bei sich trägt, verarbeiten lassen. In exklusiven Fällen wird auch ein Teil der Asche mit Raketen in den Weltraum befördert und dort der Ewigkeit übergeben.

Es gibt allerdings immer mehr Menschen, die nach einer weniger exzentrischen, aber doch sehr persönlichen Form des Abschieds suchen. Oft machten sie zuvor die Erfahrung, dass innerhalb traditioneller Gebräuche sehr viel geheuchelt wird. Sie versuchen nun in einer frei gewählten Zeremonie, den wahren und echten Gefühlen Raum zu geben. Manchmal werden auch Teile von traditionellen Übergangsritualen (wie beispielsweise Kerzen anzünden und löschen, die Uhr anhalten und später wieder in Gang setzen, gewisse Gebete oder Texte sprechen) übernommen und modifiziert.

Eine *besonders gelungene Verabschiedung* durfte ich in meinem Freundeskreis erleben: Ein lieber Freund ist vollkommen unerwartet in seinem Segelboot von uns gegangen. Seine junge Witwe beschloss, ganz allein seine Asche an einem seiner Lieblingsplätze auf einem Berg auszustreuen.

Für die Verwandten und seine zahlreichen Freunde lud sie jedoch zu einem gemeinsamen Abschiedsfest im Garten. Auf einer Wiese wurde ein großer Sesselkreis gebildet. In seiner Mitte war eine Gruppe sehr beziehungsvoller Symbole und Worte arrangiert. Ein Musikerfreund spielte auf dem Harmonium jene Musik, die sie beide verbunden hatte.

Einer nach dem anderen von uns Trauernden stand auf, zündete ein Teelicht an und stellte es in einem Kreis um den »Altar der Erinnerung«.

Viele von uns waren sehr berührt. Aber dann folgte ein Teil, der Anlass zu oftmaligem Schmunzeln oder Lachen gab: Wir versuchten unsere gemeinsamen Erlebnisse wieder auferstehen zu lassen – um unseren verlorenen Freund in allen seinen Facetten in unserem Gedächtnis zu verankern. Da er ein sehr unkonventioneller, kreativer und humorvoller Mensch gewesen war, gab es viele Anekdoten aus seinem und unserem gemeinsamen Leben. Und da er außerdem einen besonders guten Zugang zu Kindern hatte, erzählten auch die anwesenden Kinder aller Altersstufen (denn auch sie hatten ihren Platz bei dieser Zeremonie), was sie mit dem großen Spielkameraden erlebt und von ihm gelernt hatten.

Wir waren uns sicher, dass unser ehemaliger Weggefährte es so gewollt hätte – ein Abschied mit einem weinenden und einem lachenden Auge.

Schließlich nahmen wir uns bei den Händen und sangen gemeinsam eine einfache Weise, mit der wir zeigen wollten, dass wir unseren Freund mit unseren Gedanken und Wünschen auf seinem Weg in die andere Welt begleiten.

Auf dem wolkenlosen Himmel erschien plötzlich ein großer, schwarzer Vogel, kreiste über unserer Gesellschaft, grüßte mit seinen Schreien und zog in die Ferne …

3. Private, intime innere Abschiede

Nun wenden wir uns den geheimen, privaten Abschieden, inneren Gesprächen und persönlichen Ritualen zu. Wenn sich die Verwandten, Freunde und Bekannten zurückgezogen haben, beginnt erst wirklich die ungestörte Zeit der Auseinandersetzung mit den einschneidenden Erlebnissen der vergangenen Zeit. Manchmal dauert sie nur kurz und manchmal ein Leben lang.

Es ist sehr wichtig, seine persönliche Form zu finden, denn in den öffentlichen Bräuchen gibt es für manche Menschen keinen wirklichen Platz. Zum Beispiel gibt es keine adäquaten Formen für Kinder. Sofern sie auf den Friedhof mitgenommen werden, ist für sie alles unverständlich, was sie rundherum erleben. Ich habe selbst unter dem Mangel an Mustern in Österreich nach dem Krieg gelitten. Was in der kindlichen Seele vor sich geht, war kein Thema. Kindgerechte Gespräche über Verluste waren nicht üblich. Aber wie wir bereits sahen, verschwinden die Spuren der Vergangenheit nie vollständig – auch wenn über sie nicht gesprochen wird.

Heute wird es Hinterbliebenen etwas leichter gemacht. Zunächst einmal gibt es öffentliche *Plätze, die zur inneren Einkehr einladen.* Zwei sehr gelungene Beispiele aus Wien möchte ich hier vorstellen:

Zwei besondere Plätze auf dem Wiener Zentralfriedhof

Der »Park der Ruhe und Kraft«

Der Wiener Zentralfriedhof wurde 1874 eröffnet und ist mit einer Fläche von fast 2,5 km² die zweitgrößte Friedhofsanlage Europas, an der Zahl der rund drei Millionen Bestatteten gemessen aber mit Abstand die größte.

1999 wurde dort nach geomantischen Überlegungen der »Park der Ruhe und Kraft« angelegt. Er bietet allen Besuchern Ruhe, Besinnung und Kontakt mit den Kräften der Natur, der Pflanzen und Bäume, der Steine und der Erde. In einer Abfolge von fünf verschiedenen Landschaftsräumen, die auf die Kräfte aus der Erde und des Kosmos abgestimmt sind, wird der Besucher zum Schauen und Erleben angeleitet und zur Bewusstwerdung verschiedener Gefühle geführt.

In dem Park können *Blockaden gelockert, Trauer abgeladen, die Einheit und Vollkommenheit in und mit der Natur erlebt*, und – vielleicht – eine innere Bereitschaft aufgebaut werden, *das Vergangene loszulassen* und trotz eines erlittenen schweren Verlustes *ein neues und erfülltes Leben zu beginnen*.

So gibt es zum Beispiel einen Feuerplatz, an dem Altes verbrannt und daraus neue Energie geschaffen werden kann. Ein Kerzenplatz gibt die Möglichkeit, mit dem Anzünden von Kerzen die Verbundenheit mit dem Verlorenen auszudrücken und die persönlichen Wünsche einer Hilfe von oben anzuvertrauen.

Ein gespaltener Baum oder eine Weggabelung erinnern daran, dass wir immer wieder zwischen zwei oder mehreren Möglichkeiten entscheiden müssen. So hat man auch jederzeit die Wahl, sich an schmerzhaft und belastende Erlebnisse unverändert zu erinnern oder sie in ganz persönliche Lebenserfahrungen umzuwandeln.

Schließlich geht es um eine Entscheidung zu einem Neubeginn durch »Weitergehen«. An dieser Stelle angelangt, geht es darum, sich für einen Weg zu entscheiden.

Es gibt keine Garantie, welcher Weg der beste ist. Es ist auch nicht so wichtig, welchen Weg man wählt – wichtig ist es aber weiterzugehen. Man kann nur der eigenen Intuition vertrauen und den ersten Schritt in eine Richtung machen. Manchmal könnte man diesen Weg mit »Trotzdem!« überschreiben. Trotz allem, was man schon erlebt hat, weitergehen! Ja zum eigenen Leben sagen! So wird aus einem Trauerweg ein Lebensweg, aus tiefem Leid das Erleben der eigenen Kraft. Der erste Schritt in eine neue Richtung lässt den Schmerz langsam überwinden und durch die wachsende Distanz geringer werden.

Der Babyfriedhof
Wenn ein Baby stirbt, haben Eltern die Möglichkeit, ihr Kind in normalen Gräbern zu beerdigen. Warum gibt es nun einen eigenen Babyfriedhof?

Von Gesetz wegen gibt es nur eine Bestattungspflicht für Kinder, die lebend zur Welt gekommen sind. Aus Pietätsgründen hat die Stadt Wien 1985 begonnen, für Totgeburten gebührenfreie Grabstätten anzulegen und die Begräbnisse kostenlos durchzuführen. 2001 wurde dieser Babyfriedhof künstlerisch gestaltet, auf einem Kraftplatz wurde ein Pavillon errichtet, der *zur persönlichen Besinnung* einlädt.

Ein Gedicht von Julie Fritsch ist auf dem Grabstein, der den kleinsten Toten, den »Fehlgeburten«, gewidmet ist, eingraviert:

Ich heiße dich willkommen,
und gleichzeitig nehme ich in Trauer von dir Abschied,
während ich dich in meinen Armen halte.
Dich, der mir wohlbekannt war,
in der Tiefe meines Herzens.
Du bist so wirklich für mich,
für diese kurzen Momente
und doch für alle Ewigkeit.

4. Übergänge meistern

Die »Schwellen« sind es, über die man bekanntermaßen oft stolpert. Ob es sich nun um Türschwellen oder solche zwischen zwei Lebensabschnitten handelt – man sollte sehr achtsam mit ihnen umgehen. Sie laufen ähnlich wie in den oben genannten Trauerphasen ab, und man tut gut daran, sie mit Ritualen angemessen zu unterstützen.

Bei diesen Übergangsriten (auch »rites de passage« genannt) geht es immer um drei Stufen:

→ Trennung, Loslassen (von einem Menschen, einer Lebensphase, einem Objekt)
→ Neuorientierung, Wandlung
→ Integration und Anfang eines neuen Lebensabschnittes.

Jeder Einzelne kann nun dazu passend sein persönliches Ritual gestalten. Dabei kann es hilfreich sein, die inneren oder äußeren Kräfte um Unterstützung zu bitten (sofern man an sie glaubt). Sie mögen mithelfen, das Überschreiten der Schwelle zu ermöglichen. Als Ergebnis dieses Rituals fühlt sich der Betreffende befreit, gestärkt und erfüllt.

Ein Beispiel ist die Kurzfassung eines *Übergangsritus in der freien Natur*. Es unterstützt in dem Prozess, einen Teil des alten Lebens hinter sich zu lassen und mit neuem Verständnis und frischer Energie den weiteren Lebensweg klar zu beschreiten:

Zu Beginn stärkt man sich mit einem positiven inneren Satz.
Dadurch bekommt man den Mut, sich dem Prozess zu stellen. Nun macht man sich klar, dass man eine Schwelle übersteigt. Mit 10 Atemzügen (oder anderen Techniken) macht man sich von Alltagsgedanken weitgehend frei. Die Außenwelt wird verlassen, die Innenwelt wird betreten.

In einer »Zeit der Tränen« wird man sich seiner Bedürfnisse klar. Alle die enttäuschten Hoffnungen, die der geheime Kern für Leid und Schmerzen sind, dürfen nun heraus.

Immer wieder sollte man sich dazwischen stärken, durch die Natur »erden«, den Schmerz, die Trauer wie durch einen Blitzableiter in den Erdboden ableiten. Auch nach inneren Zwiegesprächen sollte man sich gut erden.

Schließlich kommt man zu einer Neuorientierung, indem man versucht wahrzunehmen, was man durch das Leid gelernt hat und wie man das Leben wieder mehr und mehr in die Hand nehmen kann. Vielleicht hat man etwas Wesentliches erfahren und kann den Anfang des weiteren eigenen Lebensweges erspüren. So erlebt man, dass die Trauer nicht in der Verzweiflung stecken bleibt.

Meist bieten die Rituale die Möglichkeit, Erinnerungen nachzuhängen, in einen inneren Dialog einzutreten und Abschied zu nehmen – für jetzt oder für immer.

Schwierig sind ohne Zweifel die Wege zurück ins Leben: sich umdrehen und abwenden von dem Verlorenen, ihn zurücklassen und weggehen tut weh. Das Leben geht weiter, noch ehe man dazu bereit ist, daran wieder teilzunehmen. Und doch muss man Schritt für Schritt in die Öffentlichkeit, in die »Welt der Lebenden« zurückkehren. Alles, was man nun zum ersten Mal allein vollzieht, kann Hürde oder Meilenstein werden: das erste Wochenende, das erste Weihnachtsfest, der erste Geburtstag, die erste Einladung ohne sie oder ohne ihn.

Und noch ein praktischer Hinweis:
Wenn Sie sich mit belastenden Themen auseinandersetzen, dann halten Sie die Hände danach unter fließendes Wasser. Wann immer es möglich ist, duschen Sie und stellen Sie sich ebenfalls vor, wie das Wasser alle unguten Gefühle abtransportiert. Sie werden sich nachher tatsächlich erleichtert und »gereinigt« fühlen.

Und nun zu zwei anderen, ganz persönlich gestalteten Möglichkeiten:

5. Ein Ort der gemeinsamen Begegnung

Der Friedhof ist für viele Menschen der Ort der inneren Begegnung, aber er ist sicher nicht der einzige, der sich dazu eignet. Abgesehen davon, dass es manchmal keine Grabstelle gibt, kann man sich jeden beliebigen anderen Ort aussuchen, um sich mit dem verlorenen Menschen zu verbinden, um sich zu erinnern, Zwiesprache zu halten und den Gedanken und Gefühlen freien Lauf zu lassen. Viele Menschen richten sich zu Hause einen kleinen Platz her, den sie zu einer Art Gedenkstätte machen. Auf einem Regal oder in einer speziellen Ecke stellen sie Fotos, Kerzen, Blumen und dergleichen als Zeichen einer besonderen Verbindung auf. Manche zünden Räucherstäbchen an und stellen sich vor, wie der aufsteigende Rauch die Menschen erreicht, an die man nun intensiv denkt. Andenken bilden ebenfalls eine wirkungsvolle Verbindung. Sie aktualisieren die Erinnerung an gute gemeinsame Zeiten. Hier ist auch *der Ort für die ganz leisen und privaten Gedanken.*

Auch im Freien gibt es sehr geeignete Plätze, um zu gedenken. Meist wird der gemeinsame Lieblingsplatz dazu erwählt.

Wenn man nun die richtigen Plätze gefunden hat, sollte man sie durch die eigene Gestaltung noch aufwerten. Neben den genannten Objekten und Pflanzen kann man sich eine Art »Schutzkreis« oder »geschützten Raum« vorstellen, der sicherstellt, dass der gewählte Ort ganz persönlich, intim und ungestört bleibt. Nun ist man psychisch gut gerüstet und geborgen. Man kann sich viel besser auch den dunklen Seiten der Trauer zuwenden. Hier kann man Wünsche deponieren und vielleicht eine Kerze dazu anzünden. Besonders zu den ersten Jahrestagen wie Geburts-, Fest- oder Todestage ist es sehr hilfreich, sich an dem geschützten Ort innerlich zu begegnen. Auch das erste (so gefürchtete) Weihnachtsfest wird besser überstanden, wenn man sich geborgen weiß.

Dazu möchte ich betonen, dass man den besonderen Platz ganz nach Lust und Laune gestalten kann, wenn man nur eines im Auge behält: Es soll absolut nichts hingestellt werden, das auch nur im Entferntesten an Schuld, Sünde oder Leid erinnert. Ein Kreuz mit angenagelter Christusfigur oder ein Foto, das irgendwelche Schuldgefühle erweckt, kann das Gedenken ins Negative kippen lassen und schwächen.

6. Ein »sicherer Ort« für die Erinnerung

Die am psychoanalytischen Denken orientierten Trauermodelle definieren Trauer als einen Abschieds- und Loslassprozess.

Andererseits gibt es augenscheinlich und beobachtbar ein Bedürfnis, all den verlorenen »Objekten«, den Menschen, Tieren, Lebensabschnitten, heimatlichen Orten und dergleichen, einen *würdigen Platz in der Erinnerung* einzuräumen.

Bei Betroffenen aller Altersgruppen findet man den Wunsch nach einer neuen, andersartigen Beziehung.

Aber besonders ältere Menschen leben zunehmend weniger in äußeren als vielmehr in inneren Beziehungen. Das ist durchaus sinnvoll angesichts der zahlreichen Verluste im Alter. Ist das nun ein Gegensatz? Hat man seine Aufgabe nicht gemacht, wenn einem die absolute Loslösung zu hart erscheint?

Heißt Loslösen aus dem Gedächtnis entfernen wie bei einer Gehirnwäsche?

Und kann das wirklich das Ziel sein?

Natürlich geht es in der Trauerarbeit um ein Akzeptieren der äußeren Abwesenheit des verlorenen Objektes. Es geht um ein Entflechten der miteinander verbunden gewesenen Teile des gemeinsamen Lebens.

Können wir daher *Loslösen als ein Trennen der gegenseitigen Verantwortung in dieser Welt verstehen*?

Wenn man die gemeinsamen Pläne (mit verlorenen Orten und Bereichen ebenso wie mit Lebensbegleitern) notgedrungen abbricht, weil sie so nicht mehr durchführbar sind – muss man dann auch die geistigen, emotionalen und (wenn man so will) auch spirituellen Beziehungen kappen?

Manche Menschen glauben, dass »Loslösen« ein solch brutaler Vorgang ist, dass sie es lieber gar nicht versuchen.

Ich befinde mich aber mit vielen Menschen unterschiedlicher Glaubensrichtungen in guter Gesellschaft, wenn ich der Meinung bin: Es ist gar nicht möglich, die unsichtbaren Fäden zwischen den Welten zu zerreißen!

Gläubige Menschen haben es in dieser Beziehung leicht: Sie fühlen sich geborgen und gehalten von der göttlichen Instanz, an die sie glauben. Ob lebend oder tot, ob hier oder in einer anderen Welt spielt dabei keine Rolle. Alle Wesen gestern, heute und morgen sind für sie in einem göttlichen Plan miteinander verbunden.

Jene, die sich nicht so sicher sind, ob es ein Leben nach dem Tod gibt, sind psychisch in einer viel schwierigeren Lage.

Die spirituellen Fragen, was Abschied und Loslösen für jeden Einzelnen bedeuten, würden den Rahmen unserer Überlegungen sprengen. Es soll hier aber jedenfalls daran erinnert werden, dass es viele verschiedene Vorstellungen davon gibt (manche davon auch insgeheim) und man daher nicht vorschnell annehmen sollte, dass »Loslösen« von Vergangenem und Verlorenem für alle Menschen dasselbe bedeutet.

Die folgenden Worte richten sich nun an diejenigen, die an ein »danach« glauben und sich um eine andere, eine innere Beziehung und Kommunikationsform zu einem Verstorbenen bemühen:

In einem ganz privaten, inneren, sehr intimen Raum kann Platz für gute und schlechte Erinnerungen nebeneinander gefunden werden. Kein Fremder darf da hinein, und niemand bekommt Auskunft über das Innenleben in diesem *virtuellen Raum*. Es ist ein sogenannter *»sicherer Ort«* – der Ort der Begegnung.

Natürlich kann man sich selbst aussuchen, ob man diesen Ort betreten möchte, denn nicht alle Erinnerungen sind so, dass man sie mit der eigenen *Erinnerungsenergie beleben* möchte. Dann lässt man es am besten sein.

Aber wenn man es möchte, kann man dort in Erinnerungen zum Verstorbenen in Kontakt treten. Die Verbindung wird nur durch die eigenen Gedanken aktiviert. Das hat nichts mit okkulten Praktiken zu tun, sondern ist ein ganz normaler und alltäglicher Vorgang der Psyche. (Wie bei den »inneren Bildern« und den verschiedenen Therapieansätzen besprochen wird, funktioniert unser Innenleben pausenlos über das Vernetzen von Gedanken, Vorstellungen, inneren Bildern …) Der Verstorbene bekommt im Hinterbliebenen einen guten, würdigen Platz und ist im »sicheren Ort« präsent. Es wird also *eine Beziehung aufrechterhalten, die sich entwickelt und im Laufe der Zeit verändert*. Diese Kontaktmöglichkeit hilft gerade älteren Menschen, mit den Verlusten so umzugehen, dass *ein inneres Beziehungsleben weiter möglich* ist und gestaltet werden kann.

7. Eine neue Beziehung?

Es gibt viele Möglichkeiten des Abschieds: von inneren Gesprächen am Grab oder vor einem Foto, dem Anzünden von Kerzen bis zum Schreiben eines Briefes an die verlorene Person oder dem Malen eines Bildes, das die Gefühle widerspiegelt. Alles kann hilfreich sein.

Gar nicht wenige wählen sich den verlorenen Menschen als *inneren Begleiter* und machen damit gute Erfahrungen. Denn dieser innere Begleiter verleiht ihnen ein Gefühl von Schutz und Geborgenheit. Er ist ein echter Berater in allen Fragen. In der Psychologie und Psychotherapie weiß man allerdings, dass dieser gedachte Dialogpartner in Wirklichkeit ein Stück von sich selbst, ein Teil der eigenen inneren »Instanzen« ist. (Diese Tatsache wird in der Katathym-Imaginativen Psychotherapie ganz bewusst und mit viel Erfolg eingesetzt.) Wie man es in der Theorie nun bezeichnet, analysiert, einordnet und bewertet, ist aber schließlich für den Betroffenen gleichgültig. Die Hauptsache ist doch, dass man durch diesen »inneren Begleiter« besser mit den Aufgaben des Lebens zurechtkommt und sich durch diese geheime Stimme oder, je nach Auffassung, durch die eigene innere Weisheit beraten lässt. Jetzt erfährt man ganz augenscheinlich, dass man mehr als gedacht von der verlorenen Person gelernt und übernommen hat. Sie hat das eigene Leben bereichert, ohne dass man es gemerkt hat. Der verlorene Mensch mit all jenen Qualitäten, die man in sich integriert hat, ist nun zu einer unsichtbaren, aber vertrauten Figur »im Herzen« geworden. Er wird zu einem »Begleiter«, mit dem man durch einen nach außen nicht hörbaren Dialog eine besondere Beziehung entwickeln kann. Interessant ist dabei: Gewohnheiten und Erlebnisweisen, die zuvor nur innerhalb der Beziehung möglich gewesen sind, können nun zum Teil zu *eigenen Möglichkeiten* werden. Das ist für manche Menschen überraschend. Sie glaubten, dass die gemeinsamen Hobbys und Interessen nun für alle Zeiten für sie unerreichbar oder undurchführbar sind. Und plötzlich tauchen sie wieder auf, unter anderen Bedingungen, und bereichern das Leben. Theaterbesuche, Reisen, Sport – fast alles lässt sich irgendwie organisieren.

Mitunter tauchen Personen auf, um die man schon viele Jahrzehnte nicht mehr trauert, und »bieten« sich quasi als innerer Begleiter an. Sie waren anno dazumal wohlmeinend und fürsorglich und haben sich in der Erinnerung mit positiven Gefühlen verankert. Zum Beispiel gibt es Menschen, die sich von der längst verstorbenen Großmutter beschützt fühlen. Von Trauer ist keine Spur mehr vorhanden, nur warmherzige Gefühle verbinden beide Seiten. Es handelt sich hier ganz offensichtlich nicht um einen mangelnden Ablösungsprozess von verlorenen Lebensbegleitern, sondern um die eigene »innere Weisheit«, die sich durch das Bild einer bestimmten Person einen Weg ins Bewusstsein gebahnt hat.

TEIL E
Hindernisse einer erfolgreichen Trauerarbeit

DAS AKZEPTIEREN von Verlust will gelernt sein. Es wird eine große Anpassungsleistung an eine neue Situation gefordert. Diese gelingt nicht immer, denn diverse *Persönlichkeitsstörungen und Neurosen* können das Erleben und Verarbeiten eines Verlustes erheblich erschweren.

Meist handelt es sich dabei um die *Unfähigkeit, in die Trauer hineinzukommen,* also die Gefühle fließen und sich entwickeln zu lassen, *oder man bleibt im Prozess stecken und kommt daher aus der Trauer nicht mehr heraus.*

Dann gibt es *Ablösungsprozesse, die nicht richtig gelingen,* und schließlich sei noch die krankheitswertige »*komplizierte Trauer*« angeführt.

Sehen wir uns nun diese Probleme bei der Verarbeitung des Verlustes an.

1. Die Unfähigkeit, in den Trauerprozess einzutreten

Wir haben bereits gesehen: Um in einen Trauerprozess eintreten zu können, bedarf es eines Mindestmaßes an Beziehungsfähigkeit, einer zumindest ungefähren Ahnung, wie Trauern sein könnte, und des Willens, sich auf die Gefühle einzulassen.

Was verhindert nun diesen Prozess?

Eine gestörte Beziehungsfähigkeit durch frühe Irritationen

Ein Teil der Probleme nach einem Verlust hat mit der unmittelbaren Vergangenheit zu tun. Gibt es unaufgelöste Konflikte mit der verlorenen Person, so wirken sie natürlich noch eine Zeit lang nach. Das ist nicht weiter überraschend.

Vielen Leuten ist es aber nicht bewusst, dass ihre »seelischen Krämpfe« aus ganz anderen, uralten Quellen gespeist werden. In vielen Fällen gibt es nämlich bereits ein gestörtes Beziehungsmuster seit den ersten Kindertagen. Es wurde früh erworben und nachher kaum verändert. Wie können wir uns das vorstellen?

Entgegen früherer Annahmen, dass Babys in ihrer ersten Zeit noch nicht mitbekommen, was um sie herum passiert, weiß man heute, dass gerade die ersten sechs Monate prägend für den Aufbau eines Geborgenheitsgefühls sind. Man dachte bis vor Kurzem, dass die Kleinen meist schlafen und es daher völlig gleichgültig ist, wo ihr Bettchen oder der Kinderwagen hingestellt wird und wer ihnen das Fläschchen gibt. Niemand hatte ein schlechtes Gewissen, wenn das Baby allein im Garten oder an einem Ort, der möglichst nicht bei der Arbeit stört, abgestellt wurde. Man war weit davon entfernt zu ahnen, welche späteren Probleme so entstehen können.

Doch heute wissen wir: Wenn die benötigte Zuwendung nicht verlässlich ist, kann ein Kind kaum ein Gefühl der Sicherheit (das man auch »Urvertrauen« nennt) entwickeln.

Seit den Untersuchungen über die sogenannte »Fremde Situation«, dem in den 60er-Jahren vom englischen Psychoanalytiker und Kinderpsychiater John Bowlby und der kanadischen Psychologin Mary Ainsworth entwickelten systematischen Beobachtungssystem über das Bindungsverhalten von Kleinkindern und ihre spezielle Entwicklung, weiß man, wie Babys auf kurze Trennungen reagieren. Durch die Beobachtungen teilte man die Kinder in Gruppen ein, bei denen sich vier Bindungsmuster herauskristallisierten. Diese Muster (von »sicheren« bis zu »desorientierten Bindungen«) konnten eindeutig einem bestimmten Verhalten der Bezugspersonen zugeordnet werden.

Während die Mütter der ersten drei Kindergruppen sowohl gute als auch schlechte Bindungserfahrungen in ihrer eigenen Vergangenheit hatten, die sie unterschiedlich gut verarbeitet und in ihr Leben integriert hatten, litten die Mütter der vierten Gruppe noch immer an einem Verlust einer wichtigen Bezugsperson vor dem 14. Lebensjahr oder einer anderen nicht verarbeiteten Traumatisierung. Sie waren nicht in der Lage, ihren Kindern genügend verlässliches Modellverhalten zu bieten, und ihre Babys reagierten desorientiert.

Nach den Forschungen der Wissenschaftler gelten Trennungen oder der Verlust einer bedeutenden Bezugsperson als wesentliche Ursache krankhafter Entwicklungsverläufe der Beziehungsfähigkeit und späterer psychischer oder psychosomatischer Symptome. Sie erkannten, dass bereits ein Neugebo-

► 1. Die Unfähigkeit, in den Trauerprozess einzutreten

renes die Fähigkeit besitzt, starke emotionale Beziehungen aufzubauen, um sich vor Bedrohungen zu schützen. Innerhalb der ersten sechs Monate lernt das Kind eine Menge über sich und seine Beziehungspersonen, und die Weichen für späteres Verhalten werden gestellt.

Natürlich wird durch weitere Erfahrungen dieses Muster noch ausdifferenziert, aber man kann schon im Alter von zwölf Monaten zuverlässige Aussagen über das zukünftige Verhalten eines Kindes in Beziehungen und bei deren Verlust machen. Später geht das Kind im Laufe seines Lebens Bindungen anderer Qualität (von tief bis oberflächlich, von konstant bis flüchtig) ein, und so gibt es verschiedene Beziehungsformen nebeneinander. Aber derjenige Mensch, mit dem das Kind die meisten Kontakte hatte, prägt das Bindungsverhalten des Heranwachsenden und schließlich des Erwachsenen am meisten. Alle die unterdrückten oder schieflaufenden Trauerprozesse, die uns später beschäftigen werden, haben hier ihren Ursprung.

Die narzisstische Störung

Einer der gravierendsten Schäden aus der frühesten Kindheit ist die sogenannte »narzisstische Störung«.

Sie ist durch ein Bündel von schwerwiegenden Problemen in der ersten Lebenszeit entstanden und ist (unter anderem) durch eine *Störung des Selbstwertes, eine krankhafte Selbstbezogenheit und ein Fehlen von Mitgefühl und Einfühlungsvermögen* gekennzeichnet.

Der typische Narzisst ist in seiner »Selbstbezogenheit« zu einer ausgeglichenen Beziehung nicht in der Lage. Im Alltagsverständnis nennt man das Egoismus und Egozentrik. Die goldene Regel »Was du nicht willst, dass man dir tu, das füg' auch keinem anderen zu« ist Narzissten fremd. Sie behandeln Mitmenschen so, wie sie selbst niemals behandelt werden möchten.

Diese Menschen hatten bei ihrer frühkindlichen Entwicklung überwiegend unempathische, wenig akzeptierende Bezugspersonen. Nun interessieren sie sich für nichts anderes als für sich selbst. Sie nehmen die Umwelt kaum wahr, aber überschätzen ihren eigenen Stellenwert bei Weitem. *Trauer über den Verlust eines anderen Menschen kann man bei ihnen nicht erwarten.*

Sie machen sich jedoch viele Gedanken um sich selbst und können Abstriche ihrer fantasierten »Großartigkeit« schwer verkraften. Die persönlichen Veränderungen plagen sie vielmehr als die zuvor genannten Fälle des Verlustes einer Beziehung. Gerade sehr ichbezogene Menschen bleiben von Verlusten selbst nahestehender Personen unberührt und empfinden höchstens Selbstmitleid, sofern sich ihre Situation zum Schlechteren verändert hat. Sie trauern aber extrem um ihren persönlichen Verlust an Schönheit, Jugend und Gesundheit. (Männer trauern eher um den Verlust ihrer Potenz, ihrer sportlichen Leistungsfähigkeit oder ihres Ansehens.) Im Grunde ist es das Einzige, was sie wirklich interessiert.

Gibt es noch andere Gründe für »blinde Flecken« bei Beziehungen?

Interessanterweise gibt es sogar körperliche Faktoren: Ein Team von Neurobiologen um den US-amerikanischen Hirnforscher Antonio Damasio hat in den letzten Jahren herausgefunden, dass es ein Areal hinter der Stirn gibt (den Frontallappen), das unterschiedlich ausgebildet sein kann. Es bestimmt, wie sehr jemand die Fähigkeit, sich in einen anderen Menschen einzufühlen, überhaupt entwickeln kann. Bei geringer Ausprägung »dreht man sich um die eigene Achse«. Wer nicht mitfühlen kann, ist zu Zuneigung und bei deren Verlust zu Trauer nicht imstande.

Darüber hinaus kann man aber international (zumindest in der westlichen Welt) feststellen, dass die Beziehungsfähigkeit abnimmt. Schon in der Kinderzeit wird eher die Leistungsbereitschaft als soziale Fähigkeiten für ein gedeihliches Miteinander gefördert. Später geht es so weiter: Jobs für »Einzelkämpfer«, viele allein verbrachten Stunden vor den PCs, die Abkehr von der Familie und die Zunahme der Zahl der Singles lassen den

‣ 1. Die Unfähigkeit, in den Trauerprozess einzutreten

Blick auf ein »Du« nur selten zu und verstärken noch mehr das ohnehin schon geringe Sozialempfinden.

Mangel an Mustern

Nun kommen wir nach der Beziehungsschwäche zu dem zweiten Hindernis. Wir haben im Kapitel über den rituellen Umgang mit Verlusten bereits gesehen, dass Gefühle auch ihren Ausdruck und ihren Rahmen brauchen, um gesellschaftlich akzeptiert zu werden. Unsere Zeit ist erstens arm an allgemeinen Trauerformen, die heute noch passen, zweitens herrscht in vielen Familien ein Vakuum an Ausdrucksformen für starke und manchmal überwältigende Gefühle. *Die Unfähigkeit, mit Trauer umzugehen, wird in einem unreflektierten Transfer in den Familien weitergegeben.* In diesen Familien gibt es keine sinnvollen, funktionierenden Muster, mit den Veränderungen des Lebens (also auch mit Trennungen und Verlusten) umzugehen. Es wird vorgelebt, dass man nur entweder den Schmerz verdrängen, verleugnen oder in Hilflosigkeit verharren kann. Alles sollte so bleiben, wie es einmal war. Familien, in denen Zwanghaftigkeit und Unflexibilität herrschen, sind ein besonderer Nährboden für solche verdrängten Prozesse.

Wer sich kein Leben außer jenes, das man gerade führt, vorstellen kann, wird vermutlich nicht einmal richtig »hinsehen« können, was sich gerade innerpsychisch abspielt und was verbesserungswürdig wäre. In so einer Familie ist ein Hinterbliebener in größten Schwierigkeiten. Wenn nicht genügend Muster zur Verfügung stehen, um eine Trauer überhaupt in Angriff zu nehmen und schließlich auch zu bewältigen, wird auf den Verlust meist mit Verdrängen reagiert. Was sollte man auch sonst tun?

Gedankenimpuls
Versuchen Sie zu erkennen: Wo beleben sich alte familiäre Muster bei mir?

Das große Verdrängen

Trauer können wir entweder verdrängen oder verarbeiten. Durch körperliche Aktivität oder Ablenkung kann man versuchen, Trauer zu verdrängen oder kurzfristig zu erleichtern. Überwunden, im Sinne einer intensiven Bewältigung, wird Trauer aber erst, indem sie in Form sogenannter Trauerarbeit bewusst gemacht wird.

Davor haben aber viele Menschen *Angst.*

Trauerprozesse werden daher tunlichst *verdrängt, verleugnet,* und wenn sie ansatzweise doch begonnen werden, kann es vorkommen, dass sie die Betroffenen so überfordern, dass die Trauer gewissermaßen *abgebrochen* wird und irgendwann bei einem harmlosen Anlass *unerwartet hervorbricht.*

Das dritte große Hindernis, in eine Trauer eintreten zu können, ist daher die *Unfähigkeit, sich den »Gefühlen hinzugeben«.* Die Gründe dafür sind vielfältig. Der zuvor genannte Mangel an Mustern ist bei der *Unterdrückung von Trauerprozessen* jedenfalls sehr häufig. Die heftigen Emotionen wie Trauer, Wut, Freude, Zorn, Angst und Ruhelosigkeit brauchen Kraft, die bei den manchmal massiven Schlafstörungen nicht optimal aufzufüllen ist. Dazu kommen oft quälende Selbstvorwürfe und Schuldgefühle auf, oder es werden »Schuldige« gesucht. Viele Harmoniesüchtige haben eine große Scheu, sich mit diesen dunklen Seiten zu konfrontieren.

Manche Menschen verharren besonders lang in der Phase des Nicht-wahrhaben-Wollens. In unserer Gesellschaft wird gerade diese Phase der Trauerarbeit durch *Selbstbeherrschung* massiv behindert.

Vor allem Männern werden noch weniger Gefühlsäußerungen zugebilligt als Frauen. *Männer kommen häufig schlecht* damit zurecht, sich schwach zu fühlen. Daher haben sie oft schon frühzeitig gelernt zu verleugnen. Wer aber nicht dazu steht, dass Verluste Schmerz bereiten, kann leider auch nicht mit Trost und Unterstützung rechnen (auch wenn die betroffenen Männer sich im Grund danach sehnen würden). Sie unterdrücken die chaotischen Gefühle, weil sie vermutlich überhaupt Angst vor Gefühlen haben, und tun so, als ob alles in Ordnung wäre.

Ein anderer Anlass zur Verdrängung ist manchmal das Ende von sehr mühsamen Langzeitbeziehungen. Die verpönten, »verbotenen« Gefühle wurden schon so viele Jahre unterdrückt, dass sie auch jetzt im Gefängnis des Seelenlebens verbleiben müssen. Der Hass, die Ablehnung, die Wut müssen auf ewig verbannt werden. Mit ihnen will man sich lieber nicht auseinandersetzen, sonst könnten »schlafende Ungeheuer« aus den Tiefen hochkommen.

Natürlich wäre es wichtig, *alle* Gefühle zuzulassen oder wenigstens ein gesellschaftlich akzeptiertes »Ventil« dafür zu entwickeln. Wenn die Emotionen unterdrückt werden, kann es passieren, dass die abgewehrte Trauer in eine Depression umgewandelt wird. Dabei wird die nicht geäußerte Aggression (zum Beispiel auf das Schicksal oder den unterdrückenden Ex-Partner) gegen das eigene Ich gerichtet und löst Angst aus. Ein Rückzugsverhalten mit Schuldgefühlen und massiver Selbstentwertung setzt ein. Nur wenn die auftretenden Emotionen auch gelebt werden, kann diese Phase positiv abgeschlossen und die nächste erreicht werden.

Eine andere Form der Verdrängung der dunklen Gefühle kann man manchmal nach Begräbnissen beobachten: *die Gefühle kippen*. Ich habe Trauerfeiern erlebt, bei denen derart viel gelacht wurde wie sonst selten. Bekanntlich liegen Weinen und Lachen sehr nah beieinander. Wenn der Erregungspegel eine gewisse Höhe erreicht hat, ist der Ausdruck der passenden Gefühle manchmal überaus schwankend. Bei Hochzeiten wird manchmal abwechselnd gelacht und geweint. Bei der Verabschiedung eines Menschen verhält es sich ebenso – und alle, die nicht weinen wollen, flüchten ins Lachen.

Zwei Beispiele besonders schwieriger Umstände für einen Trauerprozess:

Der Selbstmord eines nahen Angehörigen
Ein Suizid kommt überwiegend plötzlich und unerwartet. Wenn die Hinterbliebenen davon erfahren, erleiden sie meistens einen

Schock. Die Polizei sichert persönliche Dinge, und die Wohnung wird nach einem Abschiedsbrief durchsucht. Beamte verhören die Hinterbliebenen, und der Leichnam wird beschlagnahmt. Wie sollen die nahen Angehörigen unter diesen Umständen von dem Verstorbenen ihren persönlichen Abschied nehmen?

Aber auch nach dem Begräbnis ist längst nicht alles vorbei. Die Betroffenen, aber auch andere Menschen der Umgebung fragen sich, ob man den Suizid nicht hätte vorhersehen oder verhindern können. Dabei kommt es oft zu Schuldzuweisungen und Vorwürfen, die die Beziehungen vergiften. Das sonst übliche Mitgefühl wird Hinterbliebenen häufig entzogen.

Angesichts dieser Belastungen ist zu vermuten, dass Hinterbliebene die Trauer nach einem Suizid schwerer bewältigen als nach einem anderen Tod. In manchen Fällen nimmt die Trauer pathologische Züge an, weshalb man von »komplizierter Trauer« (wie später beleuchtet) spricht.

Der Tod eines Ungeborenen

In unserer Gesellschaft ging man in vergangenen Zeiten unglaublich gedankenlos mit dem Tod von »Ungeborenen« um. Sie waren irgendwie noch keine Menschen und bekamen oftmals keinen Sarg. Noch heute werden manchmal Föten aus den ersten Monaten einer Schwangerschaft im Krankenhaus einfach »entsorgt«. So wird der Tod verleugnet, löst sich in Luft auf …

Und wie ist es mit den Müttern? Wo es keinen Toten gibt, kann auch schwer getrauert werden! Wenn ein Baby bereits im Mutterleib durch widrige Umstände verstirbt, ist das zutiefst schmerzlich. Kaum eine Mutter wagt, über ihre Gefühle offen zu sprechen.

Eine Geschichte dazu:
Bettina war Mutter eines gesunden Mädchens. Sie hütete es wie »ihren Augapfel«, denn diesem Kind durfte nichts passieren. Bettina hatte nämlich reichlich traurige Erfahrungen: Sie war bereits vorher zweimal schwanger gewesen und brachte

jedes Mal ein Kind zur Welt, das nicht lebensfähig war. Trotz aller erdenklichen Vorsichtsmaßnahmen war es nicht möglich gewesen, ein gesundes Baby zur Welt zu bringen. Die Enttäuschung und der Schmerz waren riesengroß. Gerade die Tatsache, dass die Kinder missgebildet waren, erfüllte offenbar die ganze Großfamilie mit einem Gefühl der Scham. Die Umwelt sollte möglichst nichts davon erfahren, und auch in der Familie selbst versuchte man Bettina sofort zu beschwichtigen, wenn sie anfing, über ihren Schmerz zu reden. Auch Bettinas Mann war außerstande, über die traurigen Ereignisse zu sprechen oder Bettina zuzuhören. So blieb die junge Mutter auf ihrer Trauer, ihrem Schmerz und ihrer Hoffnungslosigkeit »sitzen«. Sie hätte gerne geweint, doch es schnürte ihr die Kehle zusammen … Wie gut wäre es gewesen, hätte sie wenigstens die Möglichkeit gehabt, wortlos trauernd ihren Mann zu umarmen oder sich an ihn anzulehnen …

2. Wenn man in der Trauer stecken bleibt: Psychische Barrieren für die Ablösung

Manche Menschen beginnen tapfer zu trauern – in der Hoffnung, sich von dem Verlust, von dem verlorenen Objekt auch innerlich ablösen zu können. Doch plötzlich merken sie, dass das aus irgendwelchen Gründen nicht und nicht gelingen mag. Irgendetwas steht im Weg. Es verhindert, an neue Ufer zu gelangen.

Sehen wir uns zuerst die *psychischen Barrieren für die Ablösung* an. Danach richten wir einen Blick auf ein Dilemma: *Die genannten neuen Ufer erscheinen keineswegs reizvoll,* nur die Vergangenheit erscheint noch einigermaßen erträglich.

Und schließlich gibt es auch *Menschen, die das Gefühl der Trauer einfach mögen* und keinen Grund sehen, aus ihr wieder herauszukommen.

Aufbrechen alter seelischer Narben bei Trennungen aller Art

Es gibt eine Gruppe von Menschen, die mit Verlust und Trauer besonders schlecht zurechtkommt: Die Menschen, die unter *Verlustangst* leiden. Diese Menschen tragen in sich ein altes, unverheiltes Verlusttrauma.

Für gesunde Menschen gehören Verluste einfach zum Leben. Für Menschen mit Verlustangst werden sie zur Katastrophe. Nicht nur der Tod eines Angehörigen, sondern auch jeder kleinere Verlust stürzt die Betroffenen in eine tiefe Krise, die einen Ausnahmezustand nach sich zieht.

Denn: *Nicht der Verlust an sich ist traumatisierend, sondern das Unvermögen, damit umzugehen.*

Was ist da in der Vergangenheit passiert? In der Kinderzeit gab es jedenfalls einen Verlust, den das Kind nicht adäquat verarbeiten konnte, weil die Umwelt dabei weder mit Rat noch mit Tat geholfen hat. Es gab keine Bezugsperson, die das geschockte Kind bei der Verarbeitung des Traumas unterstützte. Niemand brachte ihm hilfreiche Muster bei, noch erkannte überhaupt jemand, dass das Kind in einer seelischen Notlage war.

Überdies waren noch ein paar weitere widrige Umstände am Entstehen der Verlustangst beteiligt:

• Eine Familie, die generell zu Angst, Depression oder Hilflosigkeit neigt.

• Bezugspersonen, die ihre Gefühle nicht ausdrücken, die zur Unselbstständigkeit oder zu einem schlechten Selbstwertgefühl erziehen. Kurz: Es gab keine Möglichkeit, aus der Krise zu lernen, weil die umgebenden Menschen versagt haben, dem Kind die nötige Geborgenheit, Nähe und Zuwendung zu schenken, die es gebraucht hätte.

So ist aus Verletzungen der Vergangenheit eine latente seelische Schwachstelle entstanden.

Später wuchs langsam ein bisschen Haut über die Wunde, und so geriet diese verletzliche Stelle in der Psyche bei vielen Betroffenen fast in Vergessenheit. Und plötzlich, im Erwachsenenalter, bricht die Wunde unvermutet auf, wenn ein neuerlicher Verlust droht oder gerade erlebt wird.

Die Verlustangst der früh traumatisierten Menschen überschattet den Alltag vieler zwischenmenschlicher Beziehungen.

Nun gibt es zwei (neurotische) Möglichkeiten, mit Verlustangst umzugehen: Die eine ist, sich abzukapseln und jede tiefe Beziehung zu vermeiden. Oder man versucht, eine enge Bindung einzugehen, wo zumindest einer vom anderen abhängig ist. Das scheint die Gefahr des Verlassenwerdens zu verringern.

Der Schein ist aber absolut trügerisch, denn Menschen mit Verlustangst sind so abhängig, dass sie immer wieder enttäuscht und verletzt werden. Sie müssen den Partner oder die Partnerin ganz nah sehen und spüren. Nur dann können sie beruhigt sein. Deshalb rücken sie meist ihren Lieben viel zu nah »auf die Pelle« und nerven mit »Spezialaufträgen«, die alle beschäftigen. Manchmal neigen sie auch zu sekundärem Krankheitsgewinn (das heißt, sie spekulieren mit dem Mitleid der Umwelt. Es soll verhindern, dass jemand »das Weite sucht«). Sie wollen immer ganz genau wissen, wann der andere wiederkommt, und die Versprechen müssen pünktlichst eingehalten werden, sonst droht Panik. Bei Verspätungen der Angehörigen spielt die Fantasie die ärgsten Szenarien vor, denn »es muss unbedingt etwas passiert sein!«

So sehr Verlustängstliche auch selbst leiden – sie strapazieren die Nerven ihrer Umgebung gewaltig. Daher passiert es manchmal, dass (vor allem freiheitsliebende) Angehörige immer weiter abrücken. Erwachsene Kinder verlassen oft frühzeitig das Haus, Lebenspartner trennen sich, weil sie sich an die Leine gelegt fühlen, und Freunde rücken ab, weil ihnen die offensichtliche Bedürftigkeit der Verlustängstlichen ein dauerndes »Liebsein« auferlegt. *Was passiert also?*
Genau das, wovor die mit Verlust früh traumatisierten Menschen am meisten Angst haben – nämlich verlassen zu werden. Die häufige Bestätigung ihrer schlimmsten Befürchtungen ist natürlich nicht dazu angetan, die Angst zu vermindern. Im Ge-

genteil: Je mehr Anlässe die alten Wunden wieder aufreißen, desto schwerer heilen sie … Ausführlich habe ich mich mit dem Thema in meinem Buch »Verlustangst« (Klett-Cotta 2008) beschäftigt. Hier finden sich auch viele Hinweise, wie Menschen mit Verlustangst konkret an ihrem Problem arbeiten können.

Eine nicht gelöste Symbiose

Symbiotische Beziehungen scheinen meist absolut beständig zu sein.

Unter *Symbiose* im menschlichen Leben wird die enge Zusammengehörigkeit, ja Verschmelzung zweier Menschen verstanden. Die symbiotisch verbundenen Menschen fühlen sich miteinander geborgen und geschützt. Allerdings ahnen sie, dass diese Geborgenheit trügerisch ist, weil tief drinnen eine totale Unsicherheit herrscht. Die Abhängigkeit der beiden Partner ist so groß, dass erhebliche Einbußen an selbstständiger Lebensgestaltung in Kauf genommen werden. Es darf sich doch keiner vom anderen entfernen. Werden symbiotisch verbundene Menschen durch den Tod oder andere Umstände getrennt, ist der Übriggebliebene hochgradig hilflos, eine zunächst kaum lebensfähige »Hälfte«. Manche schaffen es bis zu ihrem eigenen Ende nicht, sich wieder als vollwertiger Mensch »aufzubauen«.

Wenn es nicht gelingt, die frühkindliche (normale) Abhängigkeit im richtigen Alter und mit der nötigen Sorgfalt langsam abzubauen, schleppen die Betroffenen ein Leben lang das Missverständnis mit sich herum, wahre Liebe sei symbiotisch. Klammerung ist angesagt, und jeder Außenkontakt muss auf ein Minimum reduziert werden.

In manchen Beziehungen haben sich die Partner so aufeinander eingestellt, so miteinander identifiziert, dass sie oberflächlich betrachtet wie ein einziges Wesen erscheinen. *Hier ist ein jeder vom anderen in gleichem Maße abhängig.* Hinter dieser Abhängigkeit können allerdings erhebliche Aggressionen stehen, die nicht geäußert werden und nur in Ausnahmesituationen zutage treten.

Besonders Nachkommen von getrennten Eltern entwickeln eine größere Verletzlichkeit als andere für Zerwürfnisse. Da sie keine Vorbilder haben, wie man Probleme auch anders als durch Trennung bearbeiten und lösen kann, glauben sie hartnäckig an ein »Entweder-oder«: Entweder man klebt zusammen und will immer das Gleiche, oder es gibt den totalen Bruch. Meinungsverschiedenheiten, Wut, Kritik dürfen nicht aufkommen, da sonst die künstliche Harmonie zerstört wäre. Alle widrigen Gefühle müssen abgewürgt und mit einer liebevollen Pseudoharmonie zugedeckt werden.

Wenn nun ein Teil einer symbiotischen Beziehung »wegbricht«, bleibt ein Scherbenhaufen zurück. Gerade in dieser Situation der Schwäche sind die Betroffenen nicht in der Lage, an ihrem seelischen Defizit zu arbeiten oder sich bewusst einer Trauer zu stellen.

Entweder lebt der oder die Betroffene eine Art Pseudoleben mit dem Verlorenen, bei dem sich nichts ändern darf, oder er oder sie stirbt innerlich mit.

Symbiosen kann es in allen Arten von Beziehungen geben. Häufig auch zwischen den Generationen.

 1982 starb die berühmte Schauspielerin Romy Schneider. Das letzte ihrer Lebensjahre verbrachte sie mit der Trauer um ihren ein Jahr zuvor bei einem Unfall ums Leben gekommenen Sohn David. Sie verbarrikadierte sich jeden Abend in ihrem Salon und verbrachte mit Zigaretten und Alkohol einsame Stunden, obwohl ihr damaliger Gefährte, Laurent Petin, im Nebenzimmer war.

Die 43-jährige Romy Schneider war praktisch gemeinsam mit ihrem über alles geliebten Sohn gestorben. David wollte einen Gartenzaun überklettern, rutschte dabei aus und stürzte in die eisernen Spitzen, die oben angebracht waren – er wurde erdolcht.

Romy konnte es nie verwinden. In ihrem letzten Interview mit »Paris Match« sagte sie: »Die Empörung richtet sich gegen das

Unglück und sie wird ein Leben lang bleiben. Nichts, aber auch wirklich gar nichts mildert den Schmerz.« Zurück blieb quälende Trauer über den Verlust, gepaart mit Schlaflosigkeit.

An jenem Morgen des 29. Mai 1982 brach Romy das Herz.

Durch die Fixierung von Schmerz, gepaart mit Hilflosigkeit, war es offenbar nicht möglich, sich nach innen und nach außen neu zu orientieren.

Schuldgefühle

Bei Trennungen kommen häufig Schuldgefühle der »Übriggebliebenen« hoch. So wird vielen in dieser Zeit bewusst, dass sie ihrem Kind, ihrem Partner, ihren Eltern im Laufe des gemeinsamen Lebens einiges schuldig geblieben sind – schuldig bleiben mussten, weil sie eben auch nur Menschen sind. Aber gerade diese Schuldlast ist für viele schwer zu ertragen.

Schuldzuweisungen und Selbstvorwürfe erschweren immer die Trauer.

Menschen, die zu Schuldgefühlen neigen (oder dazu erzogen wurden), finden häufig etwas, das sie angeblich nicht »gut genug« gemacht haben.

Ob es sich nun um eine Trennung oder um einen endgültigen Verlust handelt – es ist immer etwas offen geblieben, irgendetwas nicht besprochen worden.

Todeswünsche gegenüber dem Verstorbenen, weil die Pflege so anstrengend war, Streitereien, Versäumnisse, die an den Nerven zerrten, usw. sind häufig und sehr belastend. Manche glauben in einer Art magischem Denken, dass sie den *Tod mental verursacht* haben. Es ist nicht leicht, sich selbst die Fehler zu verzeihen, auch wenn der Verstand sagt, dass fast nie etwas wirklich beabsichtigt war und oft aus Überforderung entstanden ist.

Die Barmherzigkeit, sich selbst zu verzeihen und einzusehen, dass niemand alles gut und richtig macht, ist manchmal erst durch längere Psychotherapie zu erarbeiten.

Auch *irrationale Treueschwüre* belasten manche Betroffene. Sich ewig an einen Verstorbenen zu ketten, verhindert manchmal einen gelungenen Neuanfang. Auch Treuegelübde gelten nur »... bis dass der Tod euch scheidet«.

Die neuen Ufer locken nicht

Nun muss man auch ganz sachlich feststellen, dass der Aufbruch zu neuen Ufern nicht für alle Menschen gleich aussichtsreich erscheint. Jüngere haben ohne Zweifel noch viele »offene Türen«, Alte dagegen nur sehr wenige. Diese Tatsache kann man auch nicht »schönreden«. Jobs und mögliche neue Bekanntschaften werden rar, und die Umstellung auf andere Lebensräume erfordert eine Kraft, die vielfach nicht mehr ausreichend vorhanden ist. Besonders in manchen Kulturkreisen begräbt man mit seinem Partner alle Hoffnungen auf ein zufriedenstellendes Leben. Wenn auch heute sehr viel für die Generation der über Fünfzigjährigen gemacht wird – ohne ein gewisses Maß an Eigeninitiative droht die Einsamkeit. Vor allem wenn das Schicksal den wichtigsten Menschen oder den tierischen Freund genommen hat, wird es mitunter sehr still in der Wohnung.

Einsamkeit betrifft allerdings nicht nur Alleinstehende. Was unterscheidet nun Einsamkeit vom Alleinsein?

Wer sich einsam fühlt, muss nicht unbedingt allein leben. Man kann sich auch mitten in der Familie einsam und unverstanden fühlen. Einsam sein heißt daher, keine »Brücke« zu einem »du« zu finden.

Allein zu sein kann umgekehrt aber auch (zumindest zeitweise) gut sein, wenn man in aller Ruhe ein erfülltes Leben hat. *Einsamkeit kann also viele Gründe haben.*

Es gibt Menschen, die durch ihren Job, andere Beschäftigungen (wie zum Beispiel die Pflege ihrer alten Eltern) oder bestimmter Lebensumstände in eine gewisse Isolation geführt wurden. Ihre *zwischenmenschlichen Kontakte wurden vernachlässigt.* So reicht die Liste jener, die emotional quasi allein leben von den einsamen Karrieremännern bis hin zu den »grünen Witwen«, den unglücklichen Ehefrauen, die in der hübschen Villa mit Garten ihr langweiliges Leben »fristen«.

Andere wieder leiden massiv unter einem *mangelnden Selbstwert* (wie wir weiter oben bei der »narzisstischen Störung« gesehen haben). Diese Menschen glauben, das Fehlende müsse von außen, durch andere Menschen in ihr Leben kommen. Sie sind süchtig nach der Bestätigung von außen. Ihr eigenes Gefühl für ihren Selbstwert ist so schlecht, dass sie ohne das »Futter« fremder Zuwendung im wahrsten Sinne des Wortes verhungern. Menschen mit dieser Persönlichkeitsstörung »lieben« jeden, der ihnen schmeichelt, sie bewundert und ihr Selbstwertgefühl künstlich »aufpäppelt«. Für sie besteht die »echte Liebe« in Komplimenten, die sie nicht nur brauchen, sondern auch fordern. So fragen sie auch häufig »Ist das Essen nicht gut?«, »Sehe ich in dem Kleid nicht schön aus?«, »War ich nicht gut im Bett?« und dergleichen. Sie wollen natürlich keine echte Rückmeldung, sondern eine positive Bestätigung. Fällt jener Mensch aus, der ihren Selbstwert nachhaltig gestützt hat, werden sie zu einem »Nichts«.

Und wieder andere ziehen sich anlässlich eines Verlusts zurück (was ja normal ist), aber verharren in dieser Phase. *Sie leben nur in der Vergangenheit*:

»Wie schön wäre es, wenn es noch so wäre wie früher« – eine Sicht, die tatsächlich meist »frisiert« ist. Sie verbringen den Rest ihres Lebens damit, mit ihrem Los zu hadern: »Warum musste das gerade mir passieren!«

Menschen, die zur *Depression* neigen, tun sich dabei besonders schwer, denn sie sind Meister im Selbstabwerten. Dazu wäre es zum Beispiel gut, die von mir und einer Kollegin entworfene »Tagebuchtherapie« eine Zeit lang zu machen. Sie ist im Kapitel »Genuss kann man üben« weiter hinten beschrieben.

Es ist eine Tatsache, dass Menschen mit einem geringen Selbstwertgefühl kaum echte Freunde haben. Sie sind den meisten durch ihre Anspruchlichkeit oder ihre »Schwarzmalerei«

zu mühsam. Wer einen großen Freundeskreis hat, wird offenbar gerne gesehen, und es wird ihm Wertschätzung entgegengebracht. Ein schlechtes Selbstwertgefühl geht daher meist mit einem Gefühl von Einsamkeit einher. *Zurück bleibt oft Bitterkeit. Angst vor der Zukunft und ein Hadern mit dem Schicksal dominieren die Gedanken.*

Die Trauer wird hochstilisiert

Gar mancher erhebt die sehnsüchtige Trauer zu einer Art Lebensgefühl.

In den Jahren, die ich in Brasilien verbrachte, konnte ich eine Besonderheit der dort lebenden Menschen gut beobachten. »Saudade«, die Sehnsucht, gehört zu den wichtigsten Gefühlen im zwischenmenschlichen Kontakt. Es gibt kaum eines der typisch brasilianischen Lieder, in denen die Sehnsucht nicht besungen wird. Je mehr sich jemand nach dem anderen verzehrt, desto größer muss die Liebe sein.

In der Vorstellung wird das unerreichbare Liebesobjekt bekanntermaßen immer schöner und wertvoller. Menschen, die nicht mehr unter uns sind, können sich nicht wehren, wenn sie zum Ideal hochstilisiert werden.

Aber auch in meiner Heimatstadt Wien gibt es einen Hang dazu, das Verlorene zu »vergolden«. Es gibt zahlreiche Wiener Lieder über die »gute alte Zeit«, die erwiesenermaßen gar nicht so gut war.

Wenn man auch bei uns all den Erzählungen Glauben schenken würde, haben unglaublich viele Menschen Helden als Väter und Heilige als Mütter.

Ja – in der Vorstellung sieht alles ganz anders aus! Ist doch die Wahrscheinlichkeit der Überprüfung, ob die Realität genauso reizvoll ist wie die inneren Traumbilder, relativ gering.

In Wien, der angeblich morbidesten Stadt der Welt, werden Friedhöfe zu Kultstätten, und die große, glorreiche Vergangenheit ist überall präsent.

Selbstmitleid

Manche Menschen glauben, dass sie vom Schicksal oder der Vorsehung verfolgt werden. Zum tatsächlichen Schmerz kommt mitunter nach einer Zeit auch eine gehörige Portion Selbstmitleid dazu.

Herta hat ihren Mann verloren. Sie trauerte ausgiebig, und das billigte ihr jeder zu. Nach einiger Zeit merkte Herta aber, dass ihr Status als »Hinterbliebene« auch einen gewissen Vorteil bringt: Sie konnte jederzeit Rücksichtnahme einfordern.

Die gute Ehe ihrer Tochter war Herta ein »Dorn im Auge«. Wenn sie mit weinerlicher Stimme sagte, »ihr habt ja euch gegenseitig und ich habe niemanden«, konnte sie stets mit Mitleid rechnen. Tochter und Schwiegersohn bezogen sie daher in ihre Aktivitäten ein und nahmen sie sogar in den Urlaub mit.

Herta ersparte sich die Arbeit der Neuorientierung und dachte gar nicht daran, sich selbst neue Freunde zu suchen. Wozu auch? Dass die Ehe ihrer Tochter, die nun zwangsweise zu einer Dreierbeziehung wurde, unter ihrer dauernden Anwesenheit leiden könnte, kam ihr nicht in den Sinn.

3. Ablösungsprozesse, die nicht wirklich gelingen

Nun gibt es Ablösungsprozesse, die den Betroffenen als gelungen erscheinen. Sie meinen, sie können das Thema des Verlustes ad acta legen, weil die Intensität der Gefühle abnimmt. Nun könnten sie sich doch den neuen Herausforderungen zuwenden. Es ist also etwas Wesentliches am Loslösen gelungen. Nur: Die Realität wurde total verfremdet!

Die Psyche sucht sich einen Weg, um mit der *Ambivalenz* zurechtzukommen.

Mit Ambivalenz bezeichnet man das *gleichzeitige Vorhandensein zweier gegensätzlicher Gefühle*. In einer Beziehung wäre das zum Beispiel Liebe und Hass einer Person (PartnerIn,

Mutter, Vater, Geschwister, Kind ...) gegenüber, mit der man gefühlsmäßig in einer engen Beziehung steht. Dieses Nebeneinander widersprüchlicher Gefühle ist durchaus normal, löst aber oft einen inneren Konflikt aus. Psychisch stabile Menschen kommen damit zurecht, dass sich beide Gefühle in einer Beziehung finden, wenn sie auch nicht gleichzeitig erlebt werden. Beide Seiten bekommen ihren Platz. So kann man einen Menschen grundsätzlich lieben, aber verschiedene Verhaltensweisen glühend ablehnen. Und manchmal ist man auch vom Liebsten sehr genervt und stellt deshalb aber nicht gleich die ganze Beziehung infrage. Es gibt aber Menschen mit psychischen Störungen, die ihre widersprüchlichen Gefühle nicht abschwächen können und auf therapeutische Hilfe angewiesen sind, um diesen inneren Konflikt zu bewältigen.

Man könnte »*Weisheit*« als die erworbene Fähigkeit, *komplex zu denken*, definieren. Das bedeutet, dass es möglich ist, Ambivalenz auszuhalten, also *sowohl Negatives als auch Positives nebeneinander stehen zu lassen*. In den folgenden Fällen wird jedoch heftig umgedeutet:

Das Verlorene wird verteufelt

Gemäß dem Bedürfnis, einen einfachen Schlussstrich unter die Vergangenheit zu setzen, wurde durch Schwarz-Weiß-Malerei allerlei grob vereinfacht.

So ist man (angeblich) froh,

→ den miesen Typen endlich losgeworden zu sein,
→ durch das Kind, das gestorben ist, nicht in der Karriere behindert zu sein,
→ das alte Haus, das abgebrannt ist, nun nicht mehr renovieren zu müssen,
→ durch die verlorene Gesundheit endlich vom Beruf freigestellt zu werden,
→ und vieles mehr.

Um Schlechtes muss man bekanntlich nicht trauern. Das macht die Sache einfacher ...

Das Verlorene wird verherrlicht

Auch eigenartige Idealisierungen trifft man an: Die Verlorenen werden mitunter zu wahren Helden gemacht. Besonders Kinder, die von uns gegangen sind, sind angeblich bereits in einem ungewöhnlich frühen Alter durch außergewöhnliche Wesensmerkmale aufgefallen.

Verlorene in Ehren zu halten ist ja durchaus löblich.
Schwierig wird es erst, wenn an ihnen stets Maß genommen wird:
Peter, der kleine Bruder von Karl, war vier Jahre alt, als Karl
bei einer Grippe-Epidemie verstarb. Die Eltern waren untröstlich. Peter geriet durch die Trauer völlig ins Hintertreffen. Daraufhin ließ er sich einiges einfallen, um wieder mehr ins Bewusstsein seiner Familie zu kommen – mitunter auch ganz ordentliche Streiche. Aber es nützte ihm alles nichts. Es hieß immer nur:
»Karli hätte das nicht gemacht.«
»Karli konnte das schon in deinem Alter.«
»Karli hatte so eine schöne Stimme und konnte alle Lieder auswendig.«
»Karli war unser Sonnenschein!«
Am liebsten hätte Peter diesen »verdammten Karli« niedergeknallt. Genauso wie im Computerspiel.

4. Die komplizierte Trauer

Schätzungen zufolge ist in etwa einem Zehntel aller Trauerfälle eine sogenannte »komplizierte Trauer« zu erwarten. Für manche Trauernde ist es sogar mehrere Jahre nach dem Tod der verstorbenen Person noch immer nicht möglich, den Alltag zufriedenstellend zu bewältigen. Die Gründe sind ebenso vielfältig wie die Trauerformen selbst. Oft ergibt sich eine Komplizierung der Trauer durch eine bestehende psychische Störung. In diesen

Fällen ist professionelle Hilfe unbedingt erforderlich. Wie können wir die »komplizierte Trauer« erkennen?

Während bei der »einfachen« Trauer allmählich eine Anpassung an die neue Realität gelingt und die Trauergefühle in ihrer Intensität abnehmen, bleiben hier die Gefühle der Wut, Schuld oder Angst unvermindert bestehen. Manchmal werden sie gar nicht als Traurigkeit erlebt, sondern eher als Reizbarkeit, Verleugnung des Verlustes, Vereinsamung, Perspektivlosigkeit, Gefühle von Betäubung oder emotionale Leere. Es entstehen *somatische Störungen*, häufig *Depression* oder *generalisierte Angst*, manchmal auch mit *Panikattacken*. Differenzialdiagnostisch ist die komplizierte Trauer von der Depression oder von affektiven Störungen schwer abzugrenzen. In der Depression ist das Gefühlsleben verflacht, während die komplizierte Trauer anfallsartig-turbulent aufsteigt.

Zu den zahlreichen Symptomen der komplizierten Trauer gehört das Gefühl, verlassen worden zu sein. Die Betroffenen sehen im Leben keinen Sinn mehr, vernachlässigen sowohl ihren Beruf als auch ihr soziales Netz und vereinsamen damit. Sie haben manchmal starke, anhaltende Schuldgefühle, neigen zu selbstschädigendem Verhalten (wie Missbrauch von Alkohol oder Drogen) und leiden an langfristigen Schlaf- und Essstörungen. Typisch ist es auch, dass sie entweder ständig über den Tod sprechen wollen oder sich strikt weigern, dies zu tun. Auf dem Gebiet der komplizierten Trauer wurde in den letzten Jahren viel geforscht, und es werden vor allem verhaltenstherapeutische Therapien angeboten. Heinzpeter Znoj schlägt – verkürzt dargestellt – vor, zuerst die individuell sehr unterschiedlichen Traumen zu klären und dann unter Aktivierung der persönlichen Ressourcen an die langsame Bewältigung der neuen Wirklichkeiten zu gehen.

Seit Oktober 2006 bietet die Psychotherapeutische Hochschulambulanz der Ludwig-Maximilians-Universität (LMU) München im Rahmen einer Forschungsstudie eine neue Form der Einzeltherapie für komplizierte Trauer an. Die psychotherapeutische

Betreuung der Patienten erfolgt durch Psychologen und ausgebildete Fachkräfte. (Nähere Informationen beziehungsweise Anmeldung über das Geschäftsbüro der Hochschulambulanz, montags bis freitags zwischen 10 und 13 Uhr unter 0 89/21 80-5225).

Eine interessante Möglichkeit bietet die Universität Zürich: Eine internet-basierte Psychotherapie für komplizierte Trauer. Patienten und Therapeuten kommunizieren nur per E-Mail. Die individuelle Antwort des Therapeuten ist eingebettet in ein Programm, das auf Techniken der kognitiven Verhaltenstherapie basiert. *(Kontakt: Dr. Simon Fortsmeier online-ther@psychologie.uzh.ch)*

Ein ganz anderer Ansatz kam von der amerikanischen Neurowissenschaftlerin Mary-Frances O'Connor. Sie konnte in einer Untersuchung (2008) nachweisen, dass sich extreme Trauer regelrecht zu einer Sucht entwickeln kann. Gemeinsam mit ihren Mitarbeitern der Universität von Kalifornien fand sie heraus, dass Betroffene der »komplizierten Trauer« auf ihre lang anhaltende Trauer sogar süchtig sein können. Denn wenn die Trauergedanken über einen längeren Zeitraum hinweg häufig wiederholt und Erinnerungen an einen Verstorbenen immer wieder belebt werden, können dadurch im Laufe der Zeit im Gehirn Neuronen des Belohnungszentrums angeregt werden. Dadurch wird den Trauernden nicht nur eine Verarbeitung des Verlustes erschwert. Sie werden auch daran gehindert, ihrem Leben eine neue Richtung zu geben.

TEIL F
Und was hilft?

WER SICH DER TRAUERARBEIT zuwendet, hat auf jeden Fall die Möglichkeit, allein an die »Arbeit« zu gehen, sich von Menschen der nahen Umgebung oder von professionellen Helfern begleiten zu lassen.

Zuerst einmal sollte man sehen, welche gesunden Anteile, welche Ressourcen in den Betroffenen selbst vorhanden sind.

1. Was man selbst tun kann

Die meisten Menschen trauern ganz allein für sich, und in der Tat ist der größte Teil der Trauer auch ein sehr privater. Sehen wir uns nun an, wie groß die *Palette der Möglichkeiten ist, die jedem Betroffenen beim Trauern helfen.* Zunächst einmal einige Tipps für Menschen, die einen Todesfall zu verarbeiten haben, und danach einige Selbsthilfen, die durchaus auch für »frisch Getrennte« hilfreich sind:

Klarheit

Den Verlust beim Namen nennen

Dass der Umgang mit dem Tod schwerfällt, ersieht man bereits aus einer eher unauffälligen sozialen Tatsache: Nur für wenige Begriffe gibt es so viele abmildernde Bezeichnungen wie für den »Tod«. So spricht man eher von Ableben, Abschied, Verlassen, Hinscheiden, Heimgehen, Entschlafen.

Um der Realität des Verlustes ins Auge zu sehen, sollte man auch die richtigen Worte finden. Formulierungen wie »er/sie ist eingeschlafen« oder »mein Hund ist von mir gegangen« ermöglichen, sich selbst lange Zeit zu belügen. Jedes Aussprechen hilft, den Verlust ein Stück mehr zu begreifen. Und es signalisiert auch allfälligen GesprächspartnerInnen, dass man bereit ist, sich auf die Trauer ansprechen zu lassen.

Bedürfnisse klar aussprechen

So gut wie immer ist ein Mensch, der einen Verlust zu verarbeiten hat, in einem energetischen Minus. Die missliche Situation verbraucht mehr Kraft, als »zugeführt« werden kann. Das heißt, als Betroffener ist man »bedürftig«: nach Liebe, Zuwendung, Ernst-genommen-Werden, Wohlwollen und Pflege. Bedürftigkeit ist keine Schande. Tatsächlich ist es so, dass jeder von uns immer wieder »bedürftig« ist. Wer sich das eingesteht, ist auf dem richtigen Weg, wenigstens seine Basiswünsche zu erfüllen.

Viele Menschen trauen sich aber trotzdem nicht eindeutig zu signalisieren, was sie in dieser Situation brauchen und möchten. So kommt es immer wieder zu Missverständnissen.

Marion verlor ihren Lebenspartner durch einen Motorradunfall. Sie war emotional wie gelähmt und konnte gar nicht begreifen, was da nun geschehen war. Marions geschiedene, alleinstehende Mutter befand, dass sie ihr Kind in dieser Situation nicht allein lassen könne. Ohne Rücksprache zu halten, packte sie ihren Koffer und zog kurzfristig bei Marion ein. In der ersten Zeit war Marion zu schwach, um sich gegen die Fürsorge zu wehren. Schließlich war es ganz angenehm, bekocht zu werden. Die Wohnung wurde auch sauber gehalten und alle Erledigungen wurden Marion eilfertig von ihrer Mutter abgenommen. Aber Tag und Nacht zusammen sein? War das so, wie Marion es wollte? Und wie konnte sie ihrer Mutter sagen, dass sie Freiräume bräuchte, ohne dass die Mutter beleidigt »einschnappen« würde?

Es erweist sich häufig, dass nahestehende Menschen die Trauernden unterstützen wollen. Manchmal sind sie unsicher und fragen, wie sie helfen könnten. Manchmal aber meinen sie zu wissen, was nottut. Daher ist es wichtig, anderen direkt und offen zu sagen, was man sich wünscht: sei es nun *seelische Unterstützung* (wie in den Arm nehmen, einfach da bleiben, zuhören, gemeinsam schweigen oder vielleicht beten) oder aber *tätige Hilfe* (bei Behördengängen, der Organisation des Begräbnisses, beim Gang zum Grab, dem Sortieren des Nachlasses, bei der Haushaltsarbeit oder Hilfe bei der Neubeschaffung eines verlorenen Arbeitsplatzes beziehungsweise einer Wohnung).

Manchmal will man aber lediglich *Ruhe und Abstand*. Trauer braucht Zeit und Ruhe.

Am besten wäre es, eine Auszeit zu nehmen, eine Pause zum tiefen Atemholen. Ohne innezuhalten ist es unmöglich, den eigenen Rhythmus wiederzufinden. Die Chance zum Spüren und Wahrnehmen muss man sich selbst geben – in aller Ruhe und ohne Einmischung von außen. (Große grundsätzliche Entscheidungen wie Umzug, Hausverkauf oder Stellenkündigung sollte man anfangs unbedingt vermeiden.)

Der gewünschte Rückzug funktioniert aber nur, wenn die Umwelt weiß, dass Besuche, Fragen nach der Trauer und Beileidsbekundungen jetzt nicht gewünscht werden. Wenn sich die Bedürfnisse aber nach einiger Zeit verändern, sollte man das auch äußern.

Jedenfalls darf man nicht erwarten, dass andere, die einem verstorbenen Menschen ebenfalls nahestanden, genauso reagieren und empfinden, wie man selbst. Jede Person trauert anders!

Für manche Menschen ist eine andere Reaktionsweise fast befremdlich. Es kann aber auch hilfreich sein zu sehen, dass es durchaus noch andere Möglichkeiten gibt, einen Verlust zu bewältigen.

Ein Wort sei auch der Tatsache gewidmet, dass wir heute (zumindest in den Städten) in einer multikulturellen Gesellschaft leben. Dadurch kommt man in Kontakt mit Menschen aus Kulturen, die völlig unterschiedliche Formen des Abschiednehmens haben. Insbesondere im Vergleich der afrikanischen Tradition zur westlichen mitteleuropäischen Kultur könnten die Unterschiede kaum größer sein. Während bei uns manchmal in einer Todesanzeige der Satz »Es wird gebeten, von Beileidsbezeigungen Abstand zu nehmen« zu finden ist, gehen Afrikaner mit dem Ausdruck ihres Leides sehr offen um. Auch andere Kulturkreise haben einen Umgang mit Trauer und Schmerz, der sich von unserer Zurückhaltung sehr unterscheidet. Da, wo es heute Schnittstellen gibt, bleiben Irritationen auf beiden Seiten nicht aus und es ist daher sehr anzuraten, sich Trauernden aus anderen kulturellen Kontexten sehr sensibel zu nähern.

Schutz gegenüber Manipulation

Wie wir oben gesehen haben: Manchmal muss man sich als Trauernder vor übergestülpter »Liebe« schützen. Dazu hat man vor allem zwei Rechte, die man sich vor Augen führen sollte:

Jeder hat das Recht, »Nein« zu sagen, ohne dieses »Nein« begründen zu müssen.

Es gibt Menschen, die es gewohnt sind, anderen ihren »Stempel« aufzudrücken. Besonders wenn sie verbal sehr gewandt sind, ist es schwer, sich gegen sie zu behaupten. So kann es passieren, dass man niedergeredet wird – etwas, das ein Trauernder überhaupt nicht brauchen kann!

Jeder hat das Recht, Fragen auch nicht zu beantworten.

Fragen können sehr unterschiedlich sein. Manche zeigen echtes Interesse und sind eine Form von Zuwendung. Aber manche Fragen sind unverschämt und versuchen, die Grenzen des Anstandes und des privaten Bereichs zu durchbrechen. Es ist durchaus in Ordnung, darauf zu beharren, auf manche Fragen nicht zu antworten beziehungsweise manche Geschichten nicht zu erzählen. Wer was wissen darf, muss ausschließlich von jedem selbst bestimmt werden.

Gedenken kann viele Gesichter haben

Erinnern hilft erwiesenermaßen, den Verlust zu verarbeiten. Man macht sich dadurch klar, was der verstorbene Mensch einem bedeutet und was man mit ihm verloren hat. Die gemeinsame vergangene Geschichte muss neu integriert werden – als ein wichtiger Teil der Vergangenheit. Auf einem neuen Platz bleibt sie bewahrt.

Manche brauchen es, die Geschichten über ihre Verstorbenen immer und immer wieder zu erzählen, bis sie diesen neuen Platz gefunden haben. Wenn die Menschen der unmittelbaren Umgebung das nicht mehr hören können oder wollen (was oft der Fall ist), sollte man sich andere Zuhörende (Selbsthilfegruppe, Trauergruppe, psychologische Beratung) suchen.

Bei den »äußeren und inneren Formen der Trauer« sahen wir bereits, dass es guttut, dem Andenken an die Verlorenen immer wieder auch eine Form, ein Ritual zu widmen beziehungsweise die Verabschiedungsmöglichkeiten der verschiedenen Religionsgemeinschaften zu nützen. Es ist tröstlich, dadurch wahrzunehmen, dass man sich in »guter Gesellschaft« befindet. Man ist ganz offensichtlich nicht der Einzige, dem vom Schicksal schweres Leid zugefügt wurde. Die Realität wird wieder ein Stück mehr wahrgenommen. »Das Leben geht weiter« ist der Satz, der vielen Betroffenen nun zu ihrer Situation einfällt.

Es sollte aber nicht unerwähnt bleiben, dass Gedenken *alle Schattierungen der Gefühle* haben kann. Manche dringen nur selten an die Öffentlichkeit. Die Krimis, die täglich über den Fernsehbildschirm flimmern, bringen häufig einen Ausschnitt dessen, was so alles auch an Wut, Hass, Enttäuschung, Verachtung und alter Frustration hochkommen kann, wenn der Weg dafür frei ist. Mitunter braucht es Jahre, bis der Schutzschild vor den dunklen Gefühlen so dünn geworden ist, dass die versteckten Emotionen hervorbrechen können.

Und nun einige *Tipps*, die auch Menschen helfen können, die sich mit allerlei kleineren Verlusten herumschlagen:

Bewegung und Abreagieren

Bewegung ist erwiesenermaßen ein »Pflegemittel« für das Seelenleben. Es löst die Spannungen einfach auf.

Sport in allen Variationen hilft, den gestiegenen Adrenalinspiegel abzubauen. Aber auch wer sich zu schwach oder auch zu alt fühlt, Sport zu betreiben, kann in frischer Luft etwas für die *Seelenhygiene* tun: Gerade Spazierengehen eignet sich besonders gut, um den Kopf wieder einigermaßen frei zu bekommen und sich zu erden. Mit jedem Schritt kann man die Sorgen und Nöte wie ein Blitzableiter in den Boden schicken.

Der Erfolg ist garantiert!

Manche brauchen noch etwas Stärkeres als Bewegung, um mit ihrem Seelenleben wieder ins Reine zu kommen: Sie müssen sich *abreagieren*. Hauptsächlich Männer (aber nicht nur) wandeln unbewusst Trauer in Wut um. Damit können sie besser umgehen. Sie brauchen allerdings auch passende Ausdrucksformen. Bauern gehen zum Beispiel gerne in ihren Wald, um sich beim Bäumeumschneiden ihren Zorn abzuarbeiten. Holzhacken eignet sich generell sehr gut, aber auch andere anstrengende Gartenarbeit oder sonstige kraftraubende Tätigkeiten bieten sich an. Frauen beginnen manchmal wie wild zu putzen. Andere gehen in den Keller, um zu schreien, oder traktieren ihre Polster und Decken.

Dazu eine Übung

Diese Übung kommt aus der indonesischen **Energietherapie Daya Putih** und hat sich auch bei allen Arten von unangenehmen Gefühlen, die sich »auf die Seele legen«, und bei Problemen sehr bewährt:

Stellen Sie sich in entspannter Haltung auf Ihr persönliches Problem ein.
Um ganz bei sich zu sein, falten Sie die Hände vor der Brust.
Nehmen Sie wahr, welche Gefühle hochkommen.
Nun strecken Sie die Arme und richten die Handflächen nach vorne.
Mit einer möglichst langen, tiefen Atmung aus dem Bauch heraus stellen Sie sich vor, etwas Schweres (Lokomotive etc.) wegzuschieben.
Sie atmen sodann ein und machen einen Schritt nach vorne.
Machen Sie vier weitere Wiederholungen.
Zum Schluss zertrümmern Sie mit einem Schrei das Problem.

Struktur hilft

Wenn sich die Routine des Alltags verabschiedet hat, ist es wichtig, sich selbst eine Struktur zu setzen. Ob das nun nach dem Wegfall von Lebensbegleitern ist oder ob man eben gerade seinen Job verloren hat, ist dabei gleichgültig. Die Struktur hilft, nicht in Grübeleien zu versinken oder sich in Alkohol zu flüchten. Zuerst einmal betreffen die Ziele die Erhaltung und Pflege der körperlichen Bedürfnisse.

Ein *Tagesplan*, in dem man sich ganz kleine Schritte vornimmt, wird dabei helfen, zumindest das Nötigste zu regeln. Auf einer Liste hakt man nun ab:

- Morgens aufstehen, duschen und frühstücken;
- jeden Tag eine frische Mahlzeit kochen;
- einmal pro Tag an die frische Luft;
- einkaufen;
- Müll wegbringen …

Später kann man daran denken, sich wieder sinnvolle Tätigkeiten oder neue Kontakte zu suchen. Da empfiehlt es sich ebenso, auf einer Liste zu vermerken, wann man bestimmte Informationen einholen und Telefonate erledigen sollte. Das zeitliche Limit ist dabei unbedingt einzuhalten!

Besonders wichtig ist auch, die Wochenenden zu planen. Für Alleingebliebene sind sie meist sehr krisenanfällig.

Entspannung

Trauer bringt ein Wechselbad an Gefühlen. Manchmal scheint man dieses Auf und Ab kaum zu ertragen. Man ist nicht »bei sich«, sondern oft »außer sich«.

Wie gut ist es da, wenn man eine Entspannungsmethode im Repertoire hat, denn mit dieser kann es gelingen, widrige Seelenzustände »abzuschneiden«.

Wir haben weiter vorn gesehen, wie ein Verlust das ganze Seelenleben destabilisieren kann. Um wieder festen Boden unter den Füßen zu bekommen, hat es sich schon sehr oft bewährt, mittels einer Entspannungstechnik Ruhe ins Seelenleben einzuschleusen und wieder »zu sich« zu kommen. Die schwere Irritation kann man als ein »Außersichsein« charakterisieren.

Das Gefühl und der messbare Zustand der Entspannung gehören zur menschlichen Natur. Es ist kein seltener Ausnahmezustand und lässt sich von jedem Hilfesuchenden erlernen und durch Üben immer leichter hervorrufen. So sollen sich schließlich auf eigenen »Befehl« charakteristische körperliche und seelische Veränderungen hervorrufen lassen. Die wichtigsten sind

→ Gelassenheit,
→ geistige und körperliche Frische nach dem Üben beziehungsweise eine Zunahme der Merk- und Konzentrationsfähigkeit,
→ eine deutliche Abnahme der Häufigkeit und Intensität körperlicher Beschwerden.

Wenn man mehrere Entspannungsmethoden miteinander vergleicht, fällt die Verschiedenartigkeit der Ansätze auf. In der
Wirkung gibt es aber viele Überschneidungen.

Zum psychotherapeutischen Standardrepertoire gehören unter
anderem:
→ die Progressive Muskelentspannung nach Jacobson,
→ das autogene Training,
→ Hypnose und
→ Meditation.

Viele Entspannungsarten können zum Ziel führen und werden heute im Alltag auch sehr häufig kombiniert. Ich finde jede
einzelne Methode sinn- und wertvoll. Mit der Progressiven Muskelentspannung nach Jacobson verbindet mich allerdings eine
lange gemeinsame Geschichte. Mehr als 28 Jahre konnte ich mit
ihr Erfahrungen in meiner psychotherapeutischen Arbeit sammeln, daher möchte ich sie im Folgenden kurz vorstellen:

Der schwedisch-amerikanische Arzt Edmund Jacobson
(1885–1976) erkannte, dass psychische Spannungen immer von
Muskelkontraktionen begleitet sind und dass sich umgekehrt
die Entspannung der Muskeln gleichzeitig positiv auf das Kör-
pergefühl und das Seelenleben auswirkt.

Drei Faktoren sind zur Erreichung der Entspannung nötig:
1. Die willentliche abwechselnde Spannung und Entspannung
 verschiedener Muskelgruppen in einer bestimmten Art und
 Reihenfolge.
2. Die Achtsamkeit auf die Wahrnehmung der begleitenden
 Empfindungen.
3. Der Lernvorgang beziehungsweise der Übungseffekt, der
 langsam eine Umstellung im körperlichen und seelischen Bereich ermöglicht.

Die Progressive Muskelentspannung ist also ein Entspannungsverfahren, das von der fühlbaren Spannung und Entspannung der Willkürmuskulatur ausgeht. Es ist somit eine leicht erlernbare Methode, bei der die Veränderungen von jedem sofort gespürt werden können.

Die Übungsanleitungen mit vielfältigen Variationsanleitungen ermöglichen, die zur jeweiligen Situation passende Form auszuwählen und ohne großen Aufwand durchzuführen.

Da die Methode besonders variabel ist, hat sie ein enorm großes Anwendungsgebiet. Sie ist die ideale Methode für eine Entspannung in der Situation, in der man gerade ist und in der die Spannung sofort gelöst werden soll. Langsam wird ein Frühwarnsystem entwickelt, denn in der Muskulatur zeigt sich die innere Spannung eher und deutlicher, als sie ins Bewusstsein gelangt.

Wie wir oben gesehen haben, ist eine der wichtigsten psychischen Veränderungen durch Entspannung die *Gelassenheit*. Manche Menschen halten sie überhaupt für die universellste Quelle der Heilung. Gelassenheit lässt an die kleinen Wunder des Alltags glauben, an das Finden eines Weges, der aus dem Unglück heraus und in eine bessere Welt hinein führt. Nur mit dieser Hoffnung können wir die Dinge ertragen, die uns weniger guttun, die wir aber momentan nicht ändern können.

Gelassenheit ist das Gegenteil von der ständigen Selbstmobilisation und Selbstausbeutung. Sie schafft die Möglichkeit, sich selbst loslassen zu können.

Ein Schlüssel zur Gelassenheit ist Dankbarkeit. Wir können dankbar sein für Chancen, aber auch für schlechte Erfahrungen, aus denen wir etwas gelernt haben.

Die Progressive Muskelentspannung ist einzeln oder in Gruppen bei etlichen Verhaltenstherapeuten und in Volkshochschulen zu erlernen. In Deutschland ist der Name »Progressive Relaxation« geläufiger. Spezielle Therapeuten dazu listet die Deutsche Psychologische Fachgruppe Entspannungsverfahren auf. Wer die Methode allein erlernen möchte, möge zu meinem Buch »Halten und Loslassen« (Walter 1997) greifen.

Stützende Sätze und innere Bilder

Die oben genannte Entspannung lässt sich zusätzlich noch durch stützende, innere Sätze verstärken.

Körperliche Anliegen oder psychische Wünsche, in einen kurzen Satz oder eine Wortgruppe gekleidet und positiv formuliert (also kein »nicht«, »keine« etc.), werden durch die Entspannung besonders gut ins Innenleben eingeschleust. Sie sind aber auch zwischendurch hilfreich. Wann immer man sich selbst stärken oder aufrichten möchte, sollte man so einen positiven Satz »zur Hand haben«. Wollen Sie für sich einen guten Satz entwickeln, so sammeln Sie auf einem Blatt Papier einmal alle Ihre Anliegen, die Sie zurzeit haben. Dann wählen Sie eines aus. (Man kann sich zu einem Zeitpunkt immer nur auf einen Wunsch konzentrieren, sonst wird es für das Innenleben verwirrend.) Nun versuchen Sie, den Satz so kurz und klar wie möglich zu formulieren. Auch eine Wortkombination oder ein einzelnes Wort sind sehr gut geeignet.

Außer der Entspannung und den positiven Sätzen sind »Tankstellenbilder« als eine Form der Imagination oder Vorstellung sehr wirkungsvoll.

»Tankstellenbilder« sind immer mit vergangenen positiven Erfahrungen verbunden. Es handelt sich dabei um jene wunderbaren Augenblicke in der Vergangenheit, die sich in die Erinnerung eingenistet haben und bei denen einfach alles stimmte: die Stimmung, das Gefühl, aber vor allem auch die vielschichtigen Wahrnehmungsqualitäten. Sei es nun eine bestimmte Musik, ein Geschmack auf der Zunge, ein unverwechselbarer Geruch oder etwas Schönes zu sehen. Indem man sich nun wieder in diese Situation versetzt, kommen auch die dazugehörigen Gefühle (vielleicht abgeschwächt, aber doch) hoch. Wir wissen, dass jeder Gedanke eine innere Chemie in Gang setzt, die sich sowohl körperlich als auch geistig auswirkt. *Wer sich also in Gedanken mit Glücksmomenten verbindet, arbeitet ganz bewusst und gezielt an seiner positiven Gestimmtheit und dadurch an seiner Gesundheit.* Diese Vorstellungsbilder sind wahre Tankstellen für innere Kraft und Ausgeglichenheit.

In schlechten Zeiten ist man mit Sicherheit froh, wenn man schon ein oder mehrere »Tankstellenbilder« parat hat, um sie nach Bedarf benützen zu können.

Sehr gut sind diese Bilder auch für den an anderer Stelle beschriebenen »Gedankenstopp« einzusetzen!

So machen Sie sich selbst eine Sammlung:
Setzen Sie sich ruhig hin und machen Sie die Augen zu. Nun denken Sie an besonders schöne Momente (vielleicht im letzten Urlaub, in der Kindheit oder was Ihnen sonst noch einfällt). Jedes Mal, wenn ein Szenarium aus Ihrer Innenwelt aufsteigt, lassen Sie sich die Zeit, um alle Einzelheiten zu bemerken und auszukosten. Dann öffnen Sie wieder die Augen und machen sich ein paar Notizen darüber.

Gedankenstopp gegen Grübeleien

Viele Trauernde werden von häufigen Grübeleien heimgesucht. Es handelt sich dabei nicht um zweckmäßige Überlegungen, welchen nächsten Schritt man tun sollte. Die Gedanken gehen im Kreis und führen zu nichts. Außerdem kosten sie Kraft.

Die Verhaltenstherapie hat sich dafür ein gutes Mittel ausgedacht: den Gedankenstopp.

In einem guten Moment bereiten Sie sich eine angenehme Vorstellung vor. Die oben genannten Tankstellenbilder sind dazu bestens geeignet.
Wenn Sie nun in der Situation sind, dass die kreisenden Gedanken Ihr Gehirn zu überschwemmen drohen, dann sagen Sie innerlich klar und deutlich »Stopp« und setzen dazu einen körperlich spürbaren Reiz. Zum Beispiel greifen Sie mit einer Hand die andere kräftig an, oder Sie kneifen sich merkbar in den Oberschenkel. Damit haben Sie nun den Grübelgedanken zunächst einmal unterbrochen. Das ist der erste Schritt. Nun kann man bekanntlich nicht »nichts« denken.

An die Stelle des gestoppten Gedankens setzen Sie nun den vorbereiteten, angenehmen Gedanken oder das innere Bild.

Eine einfache Variante ist folgende:
→ *Sobald sich ein negativer Gedanke ankündigt, sagen Sie innerlich klar und deutlich »Stopp!«*
→ *Ziehen Sie nun die Schultern in Richtung Ohren hoch und halten Sie dabei einige Sekunden den Atem an. Die Arme hängen dabei ganz locker hinunter.*
→ *Lassen Sie nun die Schultern entspannt nach unten fallen und atmen kräftig aus.*
→ *Nun stellen Sie sich dabei vor, dass Sie die unangenehmen Gedanken wie eine ungeliebte Last von Ihren Schultern hinunterrutschen lassen. Sie wollen sie nicht mehr tragen.*

Vielleicht hilft der Gedankenstopp anfangs nur für kurze Zeit und Sie müssen ihn wiederholen, aber Sie haben zumindest eine Waffe gegen die immer wiederkehrenden, quälenden Gedanken.

Üben Sie auch dann, wenn es Ihnen einmal nicht so gut geht. Schwankungen sind normal!

Wenn ein Ereignis (zum Beispiel das Begräbnis) Sie schon Wochen oder Tage im Voraus in Grübeleien beschäftigt, ist noch ein innerer Satz besonders hilfreich:

Ich gehe vorwärts, und alle Einzelheiten ergeben sich von selbst.

Ein Weg ins Unterbewusste

Mit den »Tankstellenbildern« ist bereits ein guter Schritt ins Unterbewusstsein getan.

Falls man schon zu den Fortgeschrittenen in einer Therapieform, Energiearbeit oder Meditation gehört beziehungsweise sich zumindest ein Entspannungsverfahren angeeignet hat, kann man es nun auch wagen, eine *selbst geführte Visualisierung* zu machen:

Übung

Nach einem Verlust ist es sinnvoll, sich immer wieder zu fragen: Wie nütze ich meine derzeitige Lebenskrise als Ausgangspunkt für Veränderungen?

Um Klarheit über Ihren persönlichen Weg zu bekommen, formulieren Sie innerlich die entsprechende Frage (zum Beispiel »Wie soll ich weitergehen?«, »Was ist meine neue Aufgabe?«, »Was ist mein nächstes Lebensziel?«).

Nun machen Sie mit geschlossenen Augen und nach einer kurzen Entspannungsphase folgende Visualisationsübung:

Stellen Sie sich vor, Sie stehen am Rand eines Zauberbrunnens. Sehen Sie sich erstmals diesen Brunnen genau an: seine Form, das Moos auf seinem Rand, die alten Steine der Einfassung. Nun blicken Sie hinein und sehen sich im Wasser gespiegelt. Nach einiger Zeit wird ein kleines Zeichen, eine Botschaft über ein oder mehrere Ziele auftauchen. Nehmen Sie es einfach wahr.
Bedanken Sie sich beim Zauberbrunnen.
Strecken Sie sich kräftig und machen Sie die Augen auf.

Schreiben Sie alles auf und versuchen Sie nun im Nachhinein, die Botschaft zu deuten. Sie kommt direkt aus Ihrem Unterbewusstsein.

Eine Stärkung des Selbstwertgefühls

Das Gestern ist im Fühlen und Handeln nicht vom Heute getrennt. Wir nehmen durch die Brille von gestern das Heute verzerrt wahr. In der Kindheit entstehen viele unserer Rollen und Strategien, die uns das ganze Leben begleiten. Und wer in der für die Entstehung eines gesunden Selbstwertgefühls entscheidenden Zeit nicht von seinen Bezugspersonen entsprechend wahrgenommen wurde, *konnte das Gefühl, wertvoll zu sein, nicht selbst entwickeln.* Das ist fatal, denn wer glaubt, ein »Nichts« zu sein, kann sehr schwer allein befriedigende Beschäftigungen finden.

Wir müssen also nachbessern.

Diese Übung erfordert nur ein paar Minuten Zeit und wird Ihre innere Befindlichkeit wesentlich verbessern:

Übung

Setzen Sie sich bequem hin und schließen Sie die Augen.

Dann erzählen Sie sich selbst eine Minute lang, was Sie an sich mögen, was Ihnen wirklich gefällt. Das können Eigenschaften, Fertigkeiten, Begabungen, aber auch ganz kleine Dinge wie die Form Ihrer Ohren sein.

Es geht nicht um den objektiven Wert der angeführten Dinge, sondern um das Erstellen einer bestimmten Energieform: um positive Gedanken!

Wichtig ist, dass Sie ehrlich von dem überzeugt sind, was Sie anführen – ohne Einschränkung!

Ob ein anderer Ihre Meinung teilen würde, steht nicht zur Debatte!

Genuss kann man üben

Vor etlichen Jahren entwickelten meine Kollegin Dr. Steinmetz und ich an der Psychiatrischen Universitätsklinik in Wien die von uns sogenannte »Tagebuchtherapie«. Während unserer psychotherapeutischen Arbeit begegneten wir vielen Menschen, die auf die unangenehmen Seiten des Lebens nahezu »fixiert« waren. Sie kamen aus dem dauernden Jammern kaum heraus und waren es (vermutlich seit ihrer Kindheit) einfach nicht gewöhnt, die guten Dinge des Lebens wahrzunehmen.

Die Absicht in unserem Projekt war es nun, bei diesen Menschen eine *Einstellungsänderung* in Gang zu bringen. Dies sollte den Betroffenen auch später dazu verhelfen, sich mit positiven Gedanken täglich das Leben zu bereichern. Ein Teil unseres Konzeptes bestand in einem von uns entworfenen standardisierten Tagebuch. Ein paar einfache Fragen sollten jeden Abend zu einer kleinen Selbstreflexion einladen. Die Fragen versuchten, die Aufmerksamkeit auf das Schöne und Angenehme zu lenken.

So gab es unter anderem die Fragen:

»Was hat mir heute Freude gemacht?«

»Was habe ich Angenehmes gesehen, gehört oder gefühlt?« und

»Was habe ich heute gut gemacht?«

Da die Klienten wussten, dass sie abends Antworten auf die Fragen finden sollten, waren sie natürlich tagsüber aufmerksamer. Sie richteten ihren Blick auf das Gute, und das unterschied sich sehr von ihrem bisherigen Lebensstil. Zudem ermunterten wir sie, auch auf die kleinen unscheinbaren Dinge zu achten: auf ein Lächeln, einen wohlschmeckenden Pudding, eine Blume im Garten, den Sonnenschein, ein kleines, nettes Gespräch mit einem Schicksalsgenossen. Nach einiger Zeit konnten wir eindeutig feststellen, dass sich nicht nur die Stimmung der »Tagebuchschreiber« von Tag zu Tag besserte, sondern dass sogar die Stimmung auf der ganzen Station freundlicher wurde.

Ich praktiziere dieses bewusste Hinlenken auf die positiven Wahrnehmungen oft selbst: Gerade an Tagen, an denen es mir nicht besonders gut geht, fordere ich mich selbst tagsüber immer wieder auf, etwas zu genießen, das es sowieso rund um mich herum gibt. Kostenlos.

So sage ich zu mir: »Genieße die frische Luft auf der Stirn« (wenn ich draußen gehe und es ziemlich kühl ist). Oder: »Höre auf den Klang der Schritte auf dem Asphalt und genieße den Rhythmus.« Manchmal auch: »Schau dir doch die ziehenden Wolken am Himmel an!« Oder: »Wie angenehm ist die absolute Stille am Schreibtisch!« Hin und wieder auch: »Es ist gut, richtig Hunger zu haben und dann bald zum Mittagessen zu gehen!« und vieles andere mehr.

Der Schlüssel zu dieser immer wieder ins Bewusstsein geholten Dankbarkeit ist das »Zerstören« der miesen Laune. Vieles Gute passiert, ohne dass man es wahrnimmt, und das ist sehr schade.

Achtsamkeit

Achtsamkeit ist ein zentraler Begriff aus dem Buddhismus. Es wird dabei eine Form der Meditation im Alltag oder auch eine innere Haltung bezeichnet. Man muss jedoch kein Buddhist sein, um von den alten Erfahrungen profitieren zu können.

Im Zusammenhang mit dem Verarbeiten einer Verlusterfahrung sei folgend die innere Haltung der Achtsamkeit geschildert:

Alles, was im Augenblick geschieht, soll *ohne Bewertung wahr- und angenommen* werden. Das bedeutet, dass man jeden Moment bewusst erfassen soll, ohne ihn zu unterdrücken oder dagegen anzukämpfen. Dadurch kommt man in Kontakt mit vielen Aspekten des Lebens, mit angenehmen, aber auch mit schmerzlichen (die man sonst meist zur Seite geschoben hat). Viele Dinge werden dabei klarer. Und es gelingt öfter, Probleme mit einem gewissen Abstand zu betrachten, ohne sich darin völlig zu verstricken. Man spürt einfach eine größere innere Festigkeit und lernt die angenehmen wie auch die unangenehmen Erfahrungen auf neue und unverzerrte Weise anzunehmen. Dabei entdeckt man, wie Spannungen, Schmerzen, Wohlgefühle und Gedanken sich ständig verändern. Auf diese Weise wird klarer, dass man oft an der Benennung eines Zustandes festhält (»Ich bin so wütend«, »ich fühle mich gekränkt« …), obwohl er sich in Wirklichkeit schon längst verändert hat. Und das führt zu einer anderen, gleichmütigeren Sicht seiner selbst.

Dazu folgender Gedankenimpuls:
Wenn sich eine Tür Richtung Glück schließt,
öffnet sich eine andere.
Oft bleiben wir so lange stehen und starren die geschlossene Tür so lange an, dass wir das bereits für uns geöffnete Fenster gar nicht bemerken.

Achtsamkeit ist in Krisenzeiten wie nach einem Verlust besonders für den Körper wichtig. Es zehrt so viel an den Energiereserven, dass man unversehens in einen Erschöpfungszustand rutschen kann. Daher: Ausreichend Schlaf, gesund essen, sich bewegen, auf Vorzeichen einer Erkrankung achten – auch das gehört zu einem liebevollen, fürsorglichen, achtsamen Umgang mit sich selbst.

Die Anker

Nun ein paar Worte über die individuelle Stellung eines Menschen in der Gesellschaft:

Jeder hat eine gewisse Meinung von sich selbst und eine Reihe bestimmter Merkmale. Die Summe dieser, ihn von anderen Menschen unterscheidenden Eigentümlichkeit seines Wesens nennt man Identität. Sie kennzeichnet jeden Menschen als ein einzigartiges Individuum. Die momentane Positionierung jedes Menschen auf dieser Welt setzt sich aus einer ganzen Reihe von Aspekten zusammen. Diese zeigen, mit welcher Gruppe von Menschen, mit welcher Meinung, Religion, Kultur man sich identifiziert und ihr angehört.

Diese Identität ist quasi eine momentane Bestandsaufnahme und kann sich zum Teil mit der Zeit ändern.

So könnte (stark vereinfacht) ein Profil aussehen:

Jemand ist zum Beispiel
weiblich (also ein Teil aller Frauen der Welt)
lebt in einer langjährigen Beziehung
ist Verkäuferin in einer Drogerie
31 Jahre alt
römisch-katholisch
Handballerin
und wohnhaft in einer Großstadt

Oder jemand ist
männlich
hat eine Freundin
ist Hobbyfußballer
Filialleiter in einer Baustoffhandlung

38 Jahre alt
evangelisch
und wohnt in einer Kleinstadt

Alle die genannten Punkte ergeben einen relativ guten Überblick über die momentane Situation. Sie zeigen, in welchen soziologischen Gruppen jemand zu Hause ist (Gruppe der 30- bis 40-Jährigen, Vorlieben, Religion ...). Man könnte sich nun bildlich vorstellen, dass diese beiden in jeder dieser Bezugsgruppierungen (und in noch einigen anderen) einen virtuellen Anker gesetzt haben. Hat ein Mensch (genau wie ein Schiff) viele Anker, ist er naturgemäß ziemlich stabil, das heißt, dass er durch Erschütterungen nicht so leicht umgerissen wird. Es gibt immer noch genügend »Halterungen«, auch wenn eine reißen sollte.

Unsere junge Frau hat einen Lebenspartner, mit dem sie gut zusammenpasst. Dann hat sie einige gleichaltrige Freundinnen, mit denen sie sich immer wieder trifft, sie hat ihre Arbeitskolleginnen und ihre Teamspieler aus dem Handballverein. Außerdem gibt es die Leute von der Kirche, die ziemlich hilfsbereit sind. Außer dem Stammcafé, in dem sie immer wieder gerne gesehen wird, gibt es noch ein paar Lieblingskinos und Discos.

Leider wackelt der Job. Die Drogerie ist klein und hat einen schlechten Standort. Den Arbeitsplatz zu verlieren, hat sicher einschneidende Folgen. Ein Kredit für die Wohnung läuft, und ausgebildete Drogisten werden heutzutage nur noch selten gebraucht. Aber Gott sei Dank ist die Beziehung eine Art Netz, und alle anderen Anker halten auch gut.

Unser Filialleiter ist dafür beruflich fest im Sattel. Allerdings muss er eine Menge Überstunden machen und steht für seine Freundin selten zur Verfügung. Das ist nicht das Leben, das sie sich vorgestellt hat – sie wird immer unzufriedener. Als es wieder einmal zu einem Streit kommt, packt sie die Koffer und ist »auf und davon«. Wahrhaft betrüblich. Aber immerhin gibt es noch die Fußballer, die Freunde in der Sportkneipe, die Geschwister und Eltern im alten Bauernhof und noch einiges mehr. Wir müssen uns also um unseren 38-jährigen Mann keine allzu großen Sorgen machen.

Was ist nun die »Moral« von den beiden Geschichten? Wenn ein Faktor wegfällt, hat das beträchtliche Folgen, aber ist halbwegs verkraftbar. Wenn aber einige Anker gleichzeitig gelichtet werden, gibt es nicht nur eine spürbare und schmerzliche Lücke, sondern die Stabilität eines Menschen leidet gewaltig. Wenn jemand zusätzlich von Natur aus etwas labil ist, ist das Risiko, depressiv oder körperlich krank zu werden, sehr hoch.

Daher: Es versteht sich von selbst, dass es günstig ist, in mehreren Bezugsgruppen zu sein, und dass man daher tunlichst vermeiden sollte, allzu viele Anker gleichzeitig zu lichten. Wer einen Verlust erleidet, sollte selbst darauf achten, dass die gesamte Energie zum Verkraften zur Verfügung steht. Also niemals (sofern das möglich ist) gleichzeitig den Wohnort wechseln, aus der Kirche oder einem Verein austreten, sich das Rauchen abgewöhnen, eine Diät beginnen oder dergleichen, wenn der Schmerz eines Verlustes noch ganz stark ist!

2. Wie können Partner, Familie und Freunde sinnvoll unterstützen?

Den Trauernden sei gesagt: Holen Sie sich Unterstützung, wenn Ihnen danach zumute ist. Hilfe bieten Freunde, Verwandte, Psychotherapeuten, Seelsorger, Beratungsstellen, Gesprächskreise für Trauernde oder spezielle Trauerseminare. Psychotherapeuten haben sich in langen Ausbildungen ein gewisses Rüstzeug für belastende Situationen angeeignet. Sie wissen, dass es besonders schwierig ist, mit Hilflosigkeit umzugehen – mit der eigenen und der fremden – und können damit (zumindest besser) umgehen.

Die folgenden Zeilen richten sich an jene Menschen, die nicht speziell geschult sind, aber einem Trauernden helfen wollen:

Zu akzeptieren, dass man an seinen Grenzen angelangt ist, ist für viele unerträglich.

Die meisten Menschen fühlen sich angesichts von Leid anderer ausgesprochen schlecht. Sie sind erfüllt von Mitleid (das bedeutet, dass sie tatsächlich »mitleiden«) und ertragen es fast nicht, dass sie wenig dagegen tun können. Sie würden allzu gerne den Schmerz, den sie bei einem Betroffenen miterleben müssen, beseitigen oder zumindest lindern. Gleichzeitig wollen sie ihre eigenen Gefühle, die Spannung, die bei ihnen aufgekommen ist, verbessern.

Es kann sein, dass im Falle eines schmerzlichen Verlustes sogar Menschen ihre Hilfe anbieten, von denen man es gar nicht erwartet hätte. Das hat eine sehr tröstliche Seite, denn es vermittelt das Gefühl, in einem sozialen Netz gehalten zu sein. Schon allein die Angebote zeigen, dass es gut meinende Menschen gibt, die einem helfen und einen unterstützen wollen. (Gott sei Dank gibt es noch Mitgefühl in unserer Bevölkerung – das sieht man auch an den zahlreichen und großzügigen Spenden für manche Projekte für Bedürftige.) Es ist ohne Zweifel Balsam auf die verwundete Seele, zu erleben, dass man nicht allein gelassen wird.

Nun herrscht aber auch eine große Unsicherheit, wie man am besten helfen könnte. Geld zu spenden ist relativ einfach. Aber wie soll man trösten?

Praktische Hilfe

Zunächst zum Einfacheren: Konkrete Unterstützung können sich auch Menschen zutrauen, die im Bereich des Seelischen nicht besonders geübt sind. Vor allem praktisch orientierte Männer können sich nun sehr nützlich machen. *Gerade wenn sie ein bisschen wortkarg sind, eignen sie sich hervorragend als Begleitung.* Wenn wir als Beispiel einen Todesfall nehmen, so beginnt die Unterstützung bereits beim Herantreten ans Totenbett und bei der Organisation der Bestattung. Dann kommt der schwierige Weg ans offene Grab. Es ist gut, wenn es jemanden gibt, der einem zur Seite steht, begleitet und stützt, in den man sich einhaken oder an dem man sich festhalten kann.

Später ist weitere Hilfe vonnöten: Beim Eintreten in die verlassenen Wohnräume der/des Toten, beim Ordnen des Nachlasses, beim Ausräumen und Neueinrichten des Zimmers oder beim Auflösen des Haushalts. Schließlich gibt es noch eine Menge Erledigungen bei der Bank und diversen Behörden, bei denen sich ein Trauernder in seiner seelischen Verwirrung und Destabilisierung gerne helfen lässt.

Mitunter ist es nötig, finanzielle Unterstützung zu organisieren. Oder Kinder, pflegebedürftige Alte, Haustiere, der Garten, die Firma und anderes sind nun quasi verwaist, und man muss einiges auf die Beine stellen, damit die zukünftige Versorgung einigermaßen gesichert ist.

In der Folge ist es hilfreich und freundlich, wenn der/die Trauernde in diverse gesellschaftliche Aktivitäten einbezogen wird. Es wäre gut, sich relativ regelmäßig um den Betroffenen zu kümmern – vor allem zu Zeiten, die mit dem Verlorenen verbunden sind, wie der Geburtstag, Hochzeitstag oder Todestag.

Vielleicht fällt es einem Hinterbliebenen anfangs schwer, auf einen Ausflug oder ins Kino mitzugehen, mit der Zeit wird er es aber sehr schätzen, auch immer wieder auf andere Gedanken gebracht zu werden. Das Gefühl und das Erleben, nicht vergessen zu werden, hilft ein großes Stück mit, sich wieder der Freude des Lebens zuzuwenden.

Diese Art der Trauerhilfe wäre durchaus auch bei jenen eher unspektakulären Verlusten angebracht, wie wir sie weiter oben sahen. Diese Verluste werden oft nicht ernst genommen, und die Hilfen sind dementsprechend selten.

Seelische Unterstützung

ist schon weitaus schwieriger. *Da fühlen sich leider manche berufen, die in Wahrheit mehr Belastung als Unterstützung sind.*

Manche Betroffene haben erzählt, wie weh es tut, wenn andere ihnen den Schmerz ausreden wollen. Es gibt Angehörige oder Freunde, die meinen, sie müssten Dinge sagen, die das Trauern jetzt im Moment leicht machen:

»Das Leben geht weiter …«

»Sie haben ja noch die Kinder …«

Auch die vermeintlich tröstenden Worte über das ewige Leben helfen nicht, wenn sie zur falschen Zeit kommen. Wer aber selber einmal einen Weg der Trauer gegangen ist, hat eher ein Gespür dafür, dass der Schmerz viel Zeit braucht und akzeptiert werden möchte.

Gedankenimpuls:
»Wer nie gelitten hat,
weiß auch nicht, wie man tröstet.«
(Dag Hammarskjöld)

Wie soll man also mit Trauernden umgehen?

Grundsätzlich gilt: Je offener alle Beteiligten mit dem Verlust umgehen, desto besser gelingt die Verarbeitung! Für Freunde und Bekannte ist es deshalb wichtig, dass sie dem Trauernden nicht aus dem Weg gehen, denn: *Nichts ist schlimmer für Hinterbliebene als das Gefühl, gemieden zu werden.*

Es ist mir klar, dass es schwer ist, richtige Worte zu finden. Gerade bei Kondolenzbriefen ringen viele nach Worten und wissen im Grunde nicht, wie es ankommt. Oft kann man nur hoffen, dass einzig die Tatsache, dass man trösten will, zählt und der Inhalt der Sätze nicht zu sehr »in die Waagschale« geworfen wird.

Leider sind Trostworte (auch in manchen einschlägigen Trostbüchlein, die gerne bei gegebenem Anlass überreicht werden) ziemlich salbungsvoll. Sie erwecken höchst unangenehme Gefühle bei den Betroffenen.

Zudem gibt es Trauernde, die wollen getröstet werden, anderen wieder ist das absolut zuwider. Ebenso *heikel sind körperliche Berührungen.* Manche wollen sehr gerne in die Arme genommen werden, andere verabscheuen sogar, wenn ihnen jemand die Hand auf die Schulter legt. Vorsichtshalber sollte man sparsam mit überschwänglicher körperlicher Nähe umgehen, vor allem wenn man nicht weiß, wie es im Moment ankommt. Manchmal fühlt sich ein Trauernder sogar durch die emotionalen Anwandlungen der anderen irgendwie missbraucht.

Trauernde dürfen oft zu wenig sprechen – und Tröstende reden zu viel!

Diese Beobachtung kann man leider sehr oft machen. Da werden irgendwelche großen Dinge erklärt, oder es werden Beispiele von allen möglichen ähnlich gelagerten Fällen erzählt. Alles überflüssig!

Das Wichtigste ist, keine Ratschläge zu geben, sondern einfach da zu sein und zuzuhören. *Verständnis, Wertschätzung und Solidarität* sind die wichtigsten Unterstützungsmöglichkeiten. Manchmal ist es einem Trauernden erst nach langer Zeit, vielleicht nach Jahren, möglich, über den Verlust zu sprechen.

Den Gefühlen der Trauernden sollte ein *Erlebnis- und Erlaubnisraum* geöffnet werden. Aber Vorsicht: Den Ausdruck von Gefühlen fördern, nicht fordern! Es ist in Ordnung, wenn jemand seine Gefühle nicht öffentlich, nicht jetzt, nicht hier, zeigen möchte. Wenn Trauernde sich äußern, können Begleitende Verstandenes wiederholen oder Mitgefühl signalisieren. Sie sollten aber niemals zu Äußerungen drängen, weder bohren noch dramatisieren. Sie sollten ihnen keine Gefühle unterschieben (»du musst ja jetzt furchtbar traurig sein«). Und vor allem: nie kritisieren, wenn jemand sein Gefühle nicht äußern will oder kann!

Wer sich nicht sicher ist, dass er/sie die eigenen Erwartungen hintanstellen kann, sollte lieber davon Abstand nehmen, einen Trauernden trösten zu wollen.

Der beste Trost ist manchmal ein wortloses Da-sein, Sich-zur-Verfügung-Stellen, ohne sich aufzudrängen. Auch das Miteinander von gleichermaßen betroffenen Menschen wie Familienmitglieder oder gute Freunde kann Wunder wirken. Das Band der Beziehung lässt wieder ein bisschen näher rücken, und auch ohne Worte spürt man die Innigkeit.

Als unsere Tochter ihre letzte furchtbare Zeit durchlebte, fanden sich mein Mann und ich natürlich täglich an ihrem Bett in der Intensivstation ein. Sie konnte nicht mehr sprechen, aber wir erzählten ihr die Dinge des Alltags, spielten ihre Lieblingsmusik und berührten sie ganz sanft. Wenn unsere Herzen übervoll waren und wir beide sehr spürbar an unseren emotionalen Grenzen angelangt waren, verabschiedeten wir uns wieder. Wir fuhren in die Umgebung Wiens und stapften so lange (und meist ohne miteinander zu sprechen) durch den winterlichen Wald, bis wir das Gefühl hatten, gestärkt und geerdet nach Hause fahren zu können.

Gemeinsam trägt man manchmal leichter an der Bürde der schweren Gefühle.

Risiken einschätzen

Auf eines sei noch einmal eindringlich hingewiesen: auf die *Einschätzung etwaiger Risiken*.

Ein Verlusterlebnis ist eine Lebenskrise und birgt daher auch Gefahren. Sie kann zerstörerisch verlaufen oder als Reifungs- und Wachstumsprozess. Wie die Bewältigung gelingt, hängt auch von manchen Risikofaktoren und Fähigkeiten des Betroffenen ab. Es ist daher angebracht, in manchen Fällen *ein waches Auge* auf den Menschen, der gerade einen Verlust erlebt hat, zu haben. Wollen Betroffene auch nach langer Zeit der Trauer noch immer nicht am Leben teilnehmen oder wenn sich psychische Krankheiten wie Angststörungen und Süchte entwickeln, sollte unbedingt professionelle Hilfe in Anspruch genommen werden. Die Fachleute können beurteilen, ob allenfalls eine Depression oder eine Selbstmordgefährdung droht.

▸ 2. Wie können Partner, Familie und Freunde sinnvoll unterstützen?

3. Psychohygiene für die Unterstützer

Voraussetzung für eine liebe- und wirkungsvolle seelische Unterstützung ist allerdings, dass sich der Zuhörer oder Betreuer selbst in einer halbwegs gesunden, stabilen Verfassung befindet, um nicht in ein gefährliches Defizit zu geraten. Es gibt (wie wir alle wissen) Menschen, die größte Probleme haben, auch einmal »nein« zu sagen. Sie wünschen sich sehnlichst, dass diejenigen, die sie unterstützen, so einfühlsam sind, selbst zu bemerken, wenn sie jemanden über Gebühr belasten. Leider aber ist manchmal genau das Gegenteil der Fall und die Unterstützer werden weit über ihre Grenzen ausgenützt. Trauernde sind natürlich auch nur Menschen und keine Engel. Unter ihnen gibt es immer wieder auch solche, die die Aufmerksamkeit, die sie nun bekommen, über Gebühr beanspruchen. Sie zögern das Ende ihrer »Schonfrist« so lange hinaus, wie es nur irgend möglich ist, und holen ihren eigenen Vorteil aus dem »Arm-sein«. Abgrenzungsunfähige Helfer ziehen diese Ausnützer wie das Licht die Motten an. Es ist daher auch als Unterstützer nötig, von Zeit zu Zeit zu überprüfen, ob man überhaupt noch selbst genug Kraft zu geben hat oder ob man sich eventuell bereits manipuliert fühlt.

Achtsamkeit mit den eigenen psychischen Grenzen ist das Schlüsselwort, um nicht in einen *Sog der Überforderung* gezogen zu werden.

Dazu gibt es eine wirksame Tai-Chi-Übung (die seit fast 3000 Jahren in China praktiziert wird), die man im »stillen Kämmerlein« von Zeit zu Zeit machen sollte, um sich die klaren Grenzen immer wieder bewusst zu machen:

Übung
»Ich beschütze mein kostbares Innenleben vor Übergriffen«:
Mit beiden Händen halten Sie eine vorgestellte kostbare Kugel. Eine Hand hält sie von unten, die andere Hand beschützt sie von oben. Nun lösen Sie die obere Hand und machen ein entschiedenes

Stopp-Zeichen, indem Sie die Handfläche abwehrend nach vorne drehen. So signalisieren Sie der imaginierten Umwelt: »Bis hierher und nicht weiter. Berühre nicht meine Kugel!« Nacheinander drehen Sie sich nun nach allen vier Himmelsrichtungen, beschützen zuerst die Kugel und zeigen dann die Grenze an. Alle sollen wissen, dass sie achtsam mit Ihren Grenzen umgehen sollen.

4. Selbsthilfe-, Selbsterfahrungs- und Therapiegruppen

Alle Formen von Gruppen (mit oder ohne geschulten Therapeuten) sind eine bewährte Hilfe. Heute gibt es in manchen Städten Gruppen für die Trauerbewältigung, in denen man sich mit Menschen, die sich in der gleichen Lebenssituation befinden, treffen kann. Es tut einfach gut, von anderen Betroffenen verstanden zu werden und zu spüren, wie das gemeinsam Getragene leichter wird.

Eine Art von Selbsthilfegruppen nimmt sich zum Beispiel der »*verwaisten Eltern*« an. Sie versuchen, durch gegenseitige Stützung den Verlust eines Kindes nicht zu einem Trauma werden zu lassen. Eltern finden sich dabei zu gemeinsamer Trauer zusammen.

Veronika erwartete ihr drittes Kind. Sie spürte während der *Schwangerschaft die lebhaften Bewegungen. Doch plötzlich, schon sehr knapp am Geburtstermin, wurden die Bewegungen schwächer. Als Veronika besorgt ihren Arzt aufsuchte, konnte dieser nur mehr den Tod des Ungeborenen feststellen. Die eingeleitete Geburt brachte die schmerzliche Gewissheit, dass sich die Nabelschnur zweimal um den Hals des Babys geschlungen hatte. Veronika stand unter Schock. Erst als sie dann mit ihrem Mann telefonierte, brach sie in Tränen aus und konnte den fast unfassbaren Satz aussprechen: »Unser Baby ist tot!«*

Die Hebammen halfen in rührender Weise. Veronika durfte ihr totes Kind halten, wiegen, anziehen und sich mit ihrem (inzwischen herbeigeeilten) Mann gemeinsam verabschieden. Dennoch war die erste Zeit danach eine Qual. Sogar die einfachsten Verrichtungen des Alltags fielen Veronika schwer und sie hatte alle Mühe, selbst mit Hilfe, ihre beiden älteren Kinder zu versorgen. Zum Glück stieß sie durch den Hinweis von Freunden auf eine Selbsthilfegruppe. In dem geborgenen, geschützten Rahmen erzählten sich Eltern von ihren Erlebnissen. Sie sprachen ihre Ängste aus, und selbst da, wo die Worte noch fehlten, konnten sie ihrer Trauer durch ihre Tränen Ausdruck geben. Mit der Zeit spürten sie, wie sie gefasster wurden, und heute wissen sie, dass sie durch die Trauer einen neuen Anfang finden konnten.

Das gestorbene Baby wurde nicht verdrängt, sondern hat einen wichtigen Platz im Herzen seiner Eltern und auch seiner Geschwister.

Im geschützten Rahmen der Gesprächsgruppe »für verwaiste Eltern« können all die Gefühle ans Licht kommen, die man vielleicht im Leben »draußen« zu unterdrücken versucht. Die Trauernden haben Gelegenheit, mit anderen betroffenen Eltern in geborgener Atmosphäre über ihren schweren Verlust zu sprechen und anderen zuzuhören. Dieser Austausch ist heilsam. Manchmal entsteht auch erst viele Jahre nach dem Verlustereignis erstmals oder wieder der Wunsch, darüber zu sprechen. Alle auftauchenden Gefühle sind erlaubt, werden angenommen und dürfen gelebt werden. *In der Gruppe ist Raum und Zeit* dafür.

Neben dieser speziellen Gruppe gibt es natürlich noch andere Selbsthilfe- oder Selbsterfahrungsgruppen, in denen die Teilnehmer ebenfalls versuchen, einander Verständnis zukommen zu lassen und zumindest die Einsamkeit zu vermindern.

Geleitete Gruppen nehmen sich mitunter die Scham oder ein geringes Selbstwertgefühl zum Thema. (Wir haben weiter oben gesehen, dass vor allem beim Verlust von körperlichen Fähigkeiten, vom Arbeitsplatz oder nach Trennungen die Scham eine große Rolle spielen kann.)

Probleme mit einem brüchigen Selbstwertgefühl lassen sich nicht mit dem Verstand allein verbessern. Erklärungen über die gesellschaftlichen Zwänge reichen meist nicht aus.

Scham ist stark mit Sehen und Gesehenwerden verbunden – manche Scham-Betroffene würden daher am liebsten »im Boden versinken«, um nicht gesehen zu werden.

Zur »Heilung« bedarf es neuer Erfahrungen und Erlebnisse im Kreise anderer Menschen. Zu ihnen gehören besonders

→ das Erleben der Wertschätzung durch die Teilnehmer oder einen Therapeuten/eine Therapeutin. Dadurch ist es möglich, einen anderen Blickwinkel zu sich selbst zu finden.

→ die Erfahrung, Gefühlszustände sichtbar auszudrücken, ohne abgewertet zu werden und sie mit anderen teilen zu können.

Ein schwaches Selbstwertgefühl, verbunden mit Scham, ist nicht von heute auf morgen zu verändern, aber in kleinen Schritten kann man sehr viel verbessern.

Spezifische Angstgruppen werden in Großstädten ebenfalls angeboten. Schwere, verhärtete Verlusttraumen mit den nachfolgenden Ängsten sprengen aber in der Regel die Möglichkeiten einer Gruppe. Für sie ist die (nachfolgend beleuchtete) Psychotherapie eindeutig das Beste.

5. Psychotherapeutische Hilfe

Manchmal (oder sogar oft) ist die Herausforderung der Verarbeitung eines Verlustes größer als die Kraft, die einem zur Verfügung steht. Dann sollte man sich fragen:

Kann ich/muss ich das Problem allein lösen?

Brauche ich Hilfe?

Von wem?

Psychotherapie nützt erwiesenermaßen – sie ist von allen Hilfen die Wirkungsvollste. Es gibt so viele verschiedene Angebote, dass jeder maßgeschneidert seine passende Intervention finden kann. Wenn man das Kapitel über die Hindernisse aufmerksam gelesen hat, kann man gut erkennen, wo die persönliche Schwachstelle liegt und wobei man Unterstützung gut brauchen könnte. Meist handelt es sich darum, entweder nicht in die Trauer hineinzufinden oder in ihr stecken zu bleiben. Die von mir ausgewählten Therapieansätze, die ich kurz beleuchte, kommen von verschiedenen Seiten: Die Krisenintervention hilft bei Katastrophen, die Gesprächstherapie ist wertvoll zum Entlasten, die Katathym-Imaginative Psychotherapie heilt alte Wunden, die Verhaltenstherapie unterstützt beim Aufbau eines neuen Repertoires, bei Grübelzwängen und beim Angstabbau, und die Positive Psychologie lässt wieder gute Gefühle wachsen. Darüber hinaus gibt es noch eine Reihe anderer psychotherapeutischer Hilfestellungen. Am besten, man prüft selbst, welche zu einem passt.

Krisenintervention

Die Krisenintervention ist bei massiven Verlusten wie zum Beispiel dem Unfalltod mehrerer Familienmitglieder, bei Naturkatastrophen, bei intensiven Traumen durch Kriege und Vergewaltigungen, bei Entführungen und anderen schweren Verlusten der Sicherheit unumgänglich. Es gibt ausgezeichnete Fachleute, die sich darauf spezialisiert haben. Die dabei angewandte Strategie sei hier nur kurz angerissen. Sie besteht meist aus den folgenden Punkten:

→ *Reden:* Der vorangegangene Schock erzeugt ein Chaos im Kopf, das nur durch Erzählen und Zuhören geordnet werden kann. Wenn das Unfassbare und der wortlose Schmerz in einen verbalen Ausdruck, in Worte gebracht werden können, ist schon sehr viel geschehen. Die Gefühle befinden sich dann bereits in einem Stadium, wo sie fassbarer sind.

→ *Sich der Wirklichkeit stellen:* Es ist anfangs ganz normal, wenn sich die Seele durch Verdrängen oder Verleugnen schützen will. Je früher ein Betroffener sich aber mit der Wahrheit und Wirklichkeit auseinandersetzt, desto eher kann er die Geschehnisse verarbeiten.

→ *Gefühle ausdrücken:* Durch die Konfrontation brechen Gefühle natürlich stärker hervor. Trauern, weinen und dergleichen erleichtern aber die Bewältigung der Situation.

→ *Abschied nehmen:* Von Verstorbenen oder Verlorenen muss man ganz bewusst Abschied nehmen. Nur so kann der Mechanismus in Gang kommen, der wieder frei für den nächsten Lebensabschnitt macht.

Menschen brauchen dazu einen »sicheren Ort«, wo sie sie selbst sein können. Diesen Ort finden sie in der Therapie, häufig durch geleitete Imaginationen. Traumatisierte fantasieren oft einen Ort, verbunden mit einer Person, mit der sie gute Erfahrungen gemacht haben. Dieser Ort ist in ihrem Inneren verborgen, und niemand, der ihnen Böses will, darf da hinein. Das entängstigt, und so ist es *oftmals die einzige Möglichkeit und Rettung, mit der furchtbaren Umwelt zurechtzukommen.* Wenn die Angst dadurch geringer wird, haben kreative Lösungen, aus der misslichen Situation herauszugelangen, wieder eine Chance.

Wir wissen: Angst macht »dumm«, weil sie verhindert, das gesamte Verhaltensrepertoire zum Zug kommen zu lassen.

Es gibt dazu einen eindrucksvollen Versuch: Ein Affe in einem Käfig konnte nicht verhindern, dass ein ihn ängstigender Hund vorbeiging. Er hatte eine hohe Ausschüttung des Stresshormons Cortisol. Wenn man diesem Affen aber einen zweiten Affen zur Seite gab, den er bereits kannte und zu dem er bereits etwas Vertrauen entwickeln konnte, störte ihn der Hund wesentlich weniger und er schüttete auch dementsprechend weniger Stresshormon aus.

Psychotherapie wirkt zum Teil nach demselben Prinzip. Allein die Tatsache, dass es einen wohlwollenden, begleitenden Psychotherapeuten gibt, lässt die Angst zurückgehen.

Gesprächstherapie entlastet

Wenn die Verluste weniger dramatisch verliefen, ist eine Gesprächstherapie oft eine gute Wahl. In der Therapie wird unter anderem versucht, *Brücken zu bauen zwischen dem Ungesagten und dem vielleicht gerade noch Sagbaren*, Brücken zwischen dem Alten (das es zu verstehen gilt) und dem Neuen (das in Angriff genommen werden soll).

Menschen nach Verlusten fühlen sich mit ihren Gefühlen oft allein gelassen. Ihre Freunde und Verwandten sind häufig ungeübt im Umgang mit seelischen Schmerzen. Die Ratschläge, die gegeben werden, sind oft unbrauchbar, meist sogar ärgerlich. Die gestellten Fragen sind mitunter nur einem übergriffigen Voyeurismus entsprungen. Da ist es manchen Betroffenen viel angenehmer, sich bei einer neutralen, außenstehenden Person, die entsprechende Kompetenzen erworben hat, den Druck auf der Seele zu erleichtern. Es ist auch beruhigend zu wissen, dass gut ausgebildete Psychotherapeuten optimal zuhören können und mit Leid umzugehen wissen. So muss sich kein Klient Sorgen machen, dass er sein Gegenüber eventuell überfordern könnte.

Helfende Gespräche sind besonders wichtig, wenn falsch verstandene Loyalität oder Schuldgefühle einem Toten gegenüber die Hinterbliebenen daran hindern, sich guten Gewissens wieder dem Leben zuzuwenden.

Sätze wie folgende werden dabei oft gedacht oder geäußert:

»Ich liebe dich so sehr, ich werde nie wieder einen anderen lieben.«

»Wenn du tot bist, hört für mich das Leben auf!«

»Ich bleibe dir ewig treu!«

Hier ist es wichtig zu verdeutlichen, dass man die Verstorbenen in Ehren halten kann, ohne das eigene Leben mit ihnen zu begraben. Selbst kirchliche Treuegelübde gelten nur so lange, »bis der Tod euch scheidet«.

Auch bei Verlusten von Kindern fällt es Eltern oft schwer, ihre Trauer loszulassen, so als ob sie kein Recht mehr auf Fröhlichkeit hätten. Je länger die Zeit des gemeinsamen Lebens war, desto schwieriger gestaltet sich der Prozess des Verarbeitens.

Fatalerweise wird die Trauer von Geschwistern, Großeltern oder nahen Freunden oft übersehen. Sie bekommen weit weniger Unterstützung, als sie manchmal brauchen würden. Erst im Laufe einer Psychotherapie kommt mitunter heraus, welche Spuren ein kaum thematisierter Verlust im Seelenleben dieser Menschen hinterlassen hat.

Thea war die Älteste von vier Geschwistern. Sie lebte auf *einem Bauernhof, unweit eines kleinen Teiches. Die Eltern waren stets beschäftigt und verließen sich darauf, dass die achtjährige Thea auf die kleineren Geschwister aufpasst. Daneben musste Thea aber auch ihre Hausaufgaben machen und allerlei in der Küche erledigen. Ihre wachsamen Augen konnten nicht gleichzeitig überall sein.*

Der kleinste Bruder war ein sehr »aufgewecktes Kerlchen«. Er nutzte einen unbeobachteten Augenblick, um zum Teich zu laufen. Eine halbe Stunde später wurde der kleine leblose Körper im Wasser treibend gefunden. Thea wurde die ganze Schuld für dieses Unglück und die nachfolgende Depression der Mutter gegeben. Niemand kam auf die Idee, dass man einem achtjährigen Kind nicht alles aufbürden kann.

Das war der Beginn einer leidvollen Lebensgeschichte. Thea konnte sich jahrzehntelang absolut nichts gönnen – so als ob ihr Leid den vergangenen Verlust zunichte machen könnte!

Für alle Betroffenen gilt: erinnern und erzählen! Die nächste Umgebung kann manchmal die immer und immer erzählten Geschichten nicht mehr hören. Sie verdrehen nur mehr genervt die Augen und überhören die Unterschiede, die Entwicklung anzeigen: eine neue Stimmung, eine veränderte Deutung oder Perspektive, ein anderes Detail …

Psychotherapeuten wissen, dass Erinnern und Erzählen (»*Biografiearbeit*«) unverzichtbare Bestandteile der Verlustbewältigung sind.

Die Verhaltenstherapie hilft beim Aufbau neuer Gewohnheiten

Nach einem Verlust und wenn das Leben aus dem Takt gerät, ist die Chance, etwas zum Positiven zu verändern, größer als sonst.

Die alten Gewohnheiten liegen als Scherbenhaufen auf dem Boden. Jetzt ist es relativ leicht, von ihnen Abschied zu nehmen. Nun gilt es, genügend Kraft für den ersten Schritt in die gewünschte Richtung zu sammeln.

Die Verhaltenstherapie hilft, den Blick in eine neue, persönliche Richtung zu richten, die genau den eigenen Visionen entspricht und begleitet bei der Umsetzung der Ideen.

Wichtig dabei ist es, die kleinen Ergebnisse achtsam wahrzunehmen. Binnen kurzer Zeit gibt es merkbare Veränderungen und das stärkt das Selbstbewusstsein. Schließlich entrollt sich ein neues Lebensgefühl, das der jetzigen Lebensphase angepasst ist und in dem nicht alte, unpassende Gewohnheiten mitgeschleppt werden.

Folgende Fragen helfen bei der nötigen und nützlichen Umstrukturierung unter anderem weiter:

➜ Wie werde ich mit meinen Lebensanforderungen im Moment fertig?

➜ Welche eigenen Kraftquellen und Fähigkeiten stehen mir zur Verfügung?

➜ Was soll weniger werden oder ganz aufhören?

➜ Was soll mehr werden oder wachsen?

➜ Wofür möchte ich meine Kraft und Liebe in der Zukunft einsetzen?

→ Was brauche ich, um Klarheit über meinen Weg zu bekommen?

Jetzt ist die Gelegenheit gekommen, das eine oder andere kompromisslos zu ändern.

Wer wirklich Ängste bekämpfen und sein Leben verändern möchte, muss damit anfangen zu handeln. Alle erfolgreichen Menschen reden nicht viel davon, was sie »machen könnten«, sondern sie tun es. Auch sie kennen die Angst und spüren sehr oft Ablehnung, aber sie überwinden ihre Angst täglich und schreiten zur Tat. *Der Schlüssel ihres Erfolges ist, dass sie sich immer wieder aufraffen.*

Man begegnet manchmal Menschen, die von sich behaupten, sie hätten auch dieses und jenes erreichen können. Tatsache ist aber, dass sie nur davon reden. Es gibt nur sehr wenige Menschen, die bereit sind, die nötige Energie zu investieren.

Hürden sind dazu da, um sie zu überwinden, daran zu lernen und zu reifen. Manchmal sind sie hoch und man muss ordentlich Anlauf nehmen, um hinüberzukommen. Hin und wieder muss man die Bemühungen etliche Male wiederholen. Es wird einem nichts geschenkt.

Alle Besserwisser haben schon längst aufgegeben. Aber *derjenige, der dranbleibt, verbessert mit jeder übersprungenen Hürde seine seelische »Kondition«.*

Und eines ist ganz wichtig: Es ist niemals zu spät, um sein Leben neu zu gestalten und in andere Bahnen zu lenken. Verhaltenstherapeuten können auf diesem Weg kompetent »Schulter an Schulter« begleiten.

Die Angst wird langsam abgebaut

Manche Menschen haben bereits im normalen Alltag einen erhöhten Angstpegel. In Zeiten von Belastungen (wie es bei einem Verlust der Fall ist) »kriechen« bisweilen die Ängste unerwartet aus dem Untergrund der Seele. Natürlich gibt es Befürchtungen mit aktuellen Inhalten, die nachvollziehbar sind (wie Verarmungsängste oder solche vor einem einsamen Leben).

Mitunter kommen aber nicht erklärliche Ängste (wie jene vor Hunden oder öffentlichen Verkehrsmitteln) hoch. Sie erstaunen und überfordern gleichermaßen die Betroffenen, da diese keinen Zusammenhang zwischen der Angst und dem Verlust erkennen können. Der einzige Zusammenhang ist, dass in Krisenzeiten alle Menschen mit ihren persönlichen Schwachstellen reagieren. Ängste gehören eben häufig zu diesen individuellen Schwachstellen.

Gibt es nicht genügend Muster im eigenen Leben, um mit dieser Angst fertig zu werden, können sich die Ängste »verhärten« und zu einer sehr beeinträchtigenden Langzeitstörung entwickeln. Mitunter kann es auch vorkommen, dass das Gefühl der Angst nicht mehr wahrgenommen wird, sondern nur noch die Symptome der Angst wie Herzjagen, Herzbeklemmung, Schwindel, wackelige Knie, Übelkeit, Kälte- oder Hitzegefühl und anderes.

So wie jeder seine eigene Strategie bei der Bewältigung der Erkrankung entwickeln muss, so ist es sinnvoll, eine maßgeschneiderte Methode im Umgang mit der Angst zu entwickeln. Verhaltenstherapeuten entwerfen mit ihren Klienten den ganz individuellen Weg. Dabei werden übende Verfahren eingesetzt und der Betroffene langsam an seine Angst herangeführt. In Verbindung mit einer Entspannungsmethode werden die Symptome bald nachlassen. Wer nicht verdrängt, sondern die Angst bewusst zulässt und versucht, sie dosiert auszuhalten, wird sehen: Die Angst wird kleiner, wenn man »ihr ins Auge sieht«. Gezielt eingesetzte Entspannungsverfahren helfen bei der Unterbrechung der »Angstspirale«.

Die einzige Strategie heißt: *Hilfe für die Erweiterung der Grenzen, die die Angst setzt.* Die innere Welt, die erfüllt von Befürchtungen ist, kann sich durch sorgsame und vor allem möglichst entspannte neue Erfahrungen erweitern.

Krisenkompetenz verbessert das Selbstwertgefühl

Das neue Schlüsselwort bei der Qualifikation in vielen Firmen, Vereinen und Institutionen heißt »Krisenkompetenz«. Diese

Fähigkeit kann man tatsächlich in vielen Belangen des Lebens sehr gut gebrauchen.

Kann man sie auch später erwerben, selbst wenn man nicht gerade dazu erzogen wurde?

Ja, das kann man!

Tatsache ist, dass es eine beträchtliche Anzahl von Menschen gibt, die in ihrem Elternhaus Hilflosigkeit erlernt haben. Ihre Strategien, die sie seit frühester Kindheit erworben haben, sind nur zu einem geringen Teil zweckmäßig. In der Krise des Verlustes macht sich nun bemerkbar, dass diese Betroffenen wenig überzeugt davon waren, durch eigenes Tun Einfluss auf die Umwelt nehmen zu können (man nennt das auch »mangelnde Selbstwirksamkeit«). Nun geht es darum, dieses negative Selbstbild umzuwandeln – in die Erwartung, dass neu auftretenden, unerwarteten, schwierigen Situationen etwas entgegengesetzt werden kann. Schritt für Schritt wird nun gelernt, den Blick zu erweitern, um ein größeres Repertoire an Handlungsmöglichkeiten überblicken zu können. Aus diesen kann man in Zukunft jeweils das Passendste auswählen oder zumindest ausprobieren.

Diese Handlungskompetenz in unvorhersehbaren Situationen trägt sehr zu einem Erfolg und zu einem *positiven Selbstwertgefühl* bei. Das Erlebnis, sich in einer verworrenen Situation langsam zurechtzufinden, also »Krisenkompetenz« erworben zu haben, verändert das Selbstbild und wirkt sich dadurch auf allen Gebieten des Lebens aus.

Die Therapie, die glücklich macht

Die »Positive Psychologie« hat sich die Frage gestellt, wie man die guten Aspekte des menschlichen Miteinanders vermehren kann. Seit Mitte der 90er-Jahre legen Neurowissenschafter Forschungsergebnisse über messbare Vorgänge im Gehirn bei Glück und Unglück vor. Aufgrund dieser Erkenntnis begründete Martin E.P. Seligman die »Positive Psychologie«. Anstatt sich mit den Fehlern und Schwächen der Menschen zu beschäftigen, konzentriert er sich auf die positiven Eigenschaften. Diese Stärken und Tugenden bringen vermehrt gute Gefühle, wie zum Beispiel Ausgeglichenheit, Beharrlichkeit, Bescheidenheit, Besonnenheit, Echtheit, Fairness, Integrität, Friedfertigkeit, Geduld, Gelassenheit, Großmut, Humor und Menschlichkeit. Ziel der »Positiven Psychologie« ist es, davon wegzukommen, ausschließlich die »schlimmsten Dinge im Leben« reparieren zu wollen. Im Gegensatz dazu sollen die besten persönlichen Qualitäten verstärkt aufgebaut werden. Denn Menschen wollen schließlich mehr, als nur eine Schwäche korrigieren, sie wünschen sich, ihre Stärken zu forcieren, ein mit Sinn erfülltes Leben zu leben. Die gewünschten Ergebnisse der Positiven Psychologie sind Glück und Wohlbefinden!

Seligmann entwickelte dafür die Formel $G = V + L + W$.

Glück ist gleich Vererbung plus Lebensumstände plus Wille!

An den Lebensumständen lässt sich sicher ein bisschen verbessern, aber mit dem entsprechenden Willen kann man sein Glücksniveau nachhaltig anheben.

Nun bringt das Anhäufen von materiellem Besitz oder das Jagen nach Leistungen kaum mehr als vorübergehende Glücksmomente. Das konstante persönliche Glücksniveau hat aber sehr viel mit der Entdeckung von *Dankbarkeit und Ausgeglichenheit* zu tun. So können wir ein bisschen verstehen, wie Menschen, denen sehr viel Schreckliches in Krieg, Vertreibung und Holocaust angetan wurde, trotzdem zu einer heiter-gelassenen Lebensstimmung gelangen konnten (wie man es manchmal antrifft).

Eines steht auf jeden Fall fest:

Glücklichsein bedeutet für jeden Menschen etwas anderes und gibt uns daher alle nur denkbaren Freiheiten auf dem Weg zum eigenen Glück.

Bei alten Wunden: die Katathym-Imaginative Psychotherapie

Wie wir im Abschnitt »Alte Wunden werden virulent« gesehen haben, gibt es in Krisenzeiten manchmal seelische Reaktionen, die sogar einem selbst fremd und überschießend erscheinen.

Dann ist mit Sicherheit *ein Schmerz aus der Vergangenheit durch das momentane Geschehen wieder aktualisiert* worden. Speziell bei neuen Verlusten kommen alle ehemaligen Verlusterlebnisse, die irgendwie schiefgelaufen sind, hoch.

Wenn es alte Ängste und unverheilte seelische Wunden gibt, kann das tiefenpsychologisch orientierte Therapieverfahren »Katathym-Imaginative Psychotherapie« wirkungsvoll eingreifen und begleiten.

Die Katathym-Imaginative Psychotherapie (KIP) ist ein von Hanscarl Leuner 1954 eingeführtes tiefenpsychologisch fundiertes Verfahren, das anfänglich unter den synonymen Begriffen »Katathymes Bilderleben« (KB) und »Symboldrama« bekannt wurde.

Der Name bedeutet – frei übersetzt – »innere Bilder, die die Seele widerspiegeln«. Der Ausdruck setzt sich aus den griechischen Teilen »kata« = gemäß und »thymos« = Seele und dem lateinischen Wort »imaginatio« = bildhaftes Denken und Erleben, Vorstellungskraft zusammen. Die KIP ist sowohl bei der Behandlung aktueller Probleme und Themen als auch bei der Aufarbeitung von Ereignissen aus der Lebensgeschichte hilfreich. Beides geschieht einerseits auf der Ebene der Vorstellung, der »inneren Bilder«, der sogenannten »Imagination«, andererseits durch psychotherapeutische Gespräche. Im Anschluss an den »Tagtraum« werden die Symbole und Inhalte gemeinsam bearbeitet – das vom Unbewussten Mitgeteilte kann ins Bewusstsein integriert werden. Dazu dient das Gespräch, aber auch der Einsatz kreativer Mittel wie Zeichnen und Malen.

Dadurch werden sehr sanft und vorsichtig *auf einer in der* »*Tiefe der Seele*« *angesiedelten Bühne* alte Wunden geheilt und Ressourcen gefördert.

Diese Entdeckungsreise in die innere Bilderwelt hilft, bisher unbekannte Zusammenhänge zu verstehen, aus gelernten Beschränkungen herauszuwachsen und innere Potenziale zu erschließen. Folgende Vereine führen Listen mit garantiert gut ausgebildeten Psychotherapeuten für die Katathym-Imaginative

Psychotherapie: AGKB in Deutschland, ÖGATAP in Österreich, SAGKB in der Schweiz.

6. Kann man Kindern helfen, Verluste besser zu verarbeiten?

Viele Menschen glauben, dass ein kleineres Kind einen Verlust kaum »mitkriegt«. Sie versuchen, den traurigen Vorfall so gut es geht zu ignorieren oder vor dem Kind zu verschleiern und hoffen, dass es alles sehr schnell und spurlos vergisst. Das ist ein sehr fataler Irrtum!

Zusätzlich *begreifen Erwachsene oft nicht den Wert* eines Menschen, eines Tieres oder eines Spielzeuges für ein Kind. Ich kenne viele traumatisierende Geschichten, in denen Puppen oder Teddybären heimlich weggeworfen oder verschenkt wurden bzw. Lieblingshasen als Sonntagsbraten serviert wurden. Auch Menschen der Umgebung, wie die liebe Nachbarin oder ein Freund aus dem Nebenhaus, werden von vielbeschäftigten Eltern als Bezugsperson für ihr Kind kaum wahrgenommen. Sie begreifen nicht einmal, wie wichtig die »Schmusedecke« ist und dass sie in Wirklichkeit »die Bösen abwehrt«. Wenn das Stück Stoff fleckig und ekelig geworden ist, wird es oft wortlos weggeschmissen.

Wir sehen:

→ Kinder werden oft in ihren Verlusten allein gelassen.
→ Es gibt meist niemanden, der ihr Leid überhaupt bemerkt.
→ Selten steht ein Erwachsener zur Verfügung, der sie an der Hand nimmt und stützt.
→ Kindern wird kaum einmal bewusst gezeigt, wie man mit der misslichen Lage umgehen kann oder aus ihr wieder herauskommt.
→ Die Kinder haben auf diese Weise kaum Muster, wie sie mit Verlusten umgehen können, und sind daher auf das Leben mit seinen permanenten Ablösungsprozessen schlecht vorbereitet.

Nun gibt es aber auch Eltern und andere Bezugspersonen, die vielleicht gerade mühsam durch einen Trauerprozess gegangen sind und sich nun fragen, ob sie ihren Kindern die Verarbeitung eines zukünftigen Verlustes erleichtern können.

Tatsächlich kann man selbst zu Hause einiges tun, um Kindern zu ermöglichen, Abschied nehmen zu lernen.

Kinder trauern zum Beispiel um ein Haustier oder eine Maus, die sie tot am Straßenrand finden. Als Erwachsener sollte man sie darin unterstützen und ihre Gefühle ernst nehmen. Indem man darüber miteinander redet, bekommt (wie wir schon sahen) das »Unaussprechliche« Worte und ist somit leichter fassbar.

Wenn man Kindern vorlebt, dass man alles hinterfragen kann und dass man den Mut zu neuen und ungewöhnlichen Ideen und Versuchen haben kann, ist der beste Grundstein zur Verarbeitung gelegt.

Das Wichtigste aber ist, klarzumachen: Jeder Plan kann auch schiefgehen, jeder Versuch kann sich als Irrtum herausstellen. Das macht aber nichts – *immer wieder versagen und es neu versuchen, gehört zu einem kreativen und gelungenen Leben dazu.* Wenn Kinder erleben, dass man bei Schwierigkeiten nicht nur jammert oder panisch wird, sondern sich die Zeit nimmt, konstruktiv Lösungen zu entwickeln, werden sie dieses Muster übernehmen. Optimal wäre es, wenn sie eine Reihe von verschiedenen Bewältigungsstrategien bei den Menschen rund um sie herum beobachten könnten.

In allen Lebenslagen gilt: Je mehr unterschiedliche Muster erlebt werden, desto eher und desto schneller kann man später zumindest auf eines davon zurückgreifen. Kinder sollten daher grundsätzlich nicht von Verlusterlebnissen ferngehalten werden!

Und was kann man tun, wenn Kinder gerade eine Zeit des Abschiedes durchleben müssen?

Der *Verein Rainbows* unterstützt Kinder und Jugendliche zwischen vier und siebzehn Jahren in Österreich (in Deutschland heißt der *Verein »Trau dich trauern«*) bei der Trauerarbeit. Sie versuchen, ihnen ein gewisses Handwerkszeug mitzugeben, damit sie mit der Situation umgehen können. Das ist deshalb so vorbildlich, weil die Trauer endlich auch bei Kindern ernst genommen wird.

Was macht nun der Verein mit den hinterbliebenen Kindern, wenn sie mit dem Tod eines Elternteiles oder eines anderen ihnen nahestehenden Menschen fertig werden müssen?

Die BetreuerInnen sind PsychologInnen oder PädagogInnen, die eine Zusatzausbildung zum Thema Trauerarbeit absolviert haben. Sie machen verschiedene Angebote: Zum Beispiel basteln sie gemeinsam eine Trauerkiste, legen ein Erinnerungsalbum an oder reden mit den Kindern über deren Wut und Schuldgefühle. Wenn die irrationalen Gedanken ausgeräumt werden, tut die Erinnerung an den oder die Verstorbene nicht mehr ganz so weh. Schließlich können die Kinder wieder »nach vorne« schauen.

Wir sehen: Einen großen Einfluss auf eine positive Verarbeitung des Erlebten hat es, ob die seelische Verletzung als solche überhaupt erkannt wird. Ausschlaggebend ist vor allem, ob hilfreiche Menschen das Kind unterstützen. Das bedeutet, dass das Kind über seine Erlebnisse reden kann, ohne gleich durch einen fadenscheinigen Trost abgestoppt zu werden. Außerdem ist es nötig, dass es Erwachsene gibt, die selbst genügend Stabilität und Kraft haben, dem Kind Stütze zu geben, und die außerdem in der Lage sind vorzuleben, wie man langsam aus einer Krise herauskommt.

Licht am Ende des Tunnels

GEDANKENIMPULS

Das Leben ist voller Erbarmen.
Es gibt uns jede Sekunde Gelegenheit, neu zu beginnen.
(Gustav Meyrink)

Nun ist es an der Zeit, nach Trauerarbeit, Wandlungsritualen, Psychotherapie und mithilfe von Partnern und Umwelt einen neuen Anfang zu finden.

Das Lieblingskōan des Zenmeisters Baker Rochi heißt: Now is enough! Jetzt ist genug!

Das könnte das neue Motto werden.

Aber wovon ist jetzt genug? Das müssen Sie erst einmal ermitteln. Ihre persönliche Recherche zeigt ganz bestimmt einiges, auf das Sie gut und gerne verzichten könnten. In allen neuen Lebensphasen gilt es Abschied von manchem zu nehmen, das nicht mehr passt. Schließlich muss man vorher *einen Platz frei machen, wenn etwas Neues ins Leben kommen soll.* Gleichzeitig gilt es aber auch, *die guten Erfahrungen der Vergangenheit in das Neue zu integrieren* und lebendig zu erhalten. Eine sehr spannende Aufgabe!

Es ist nicht wichtig, jetzt gleich den ganzen weiteren Weg innerlich zu entwerfen, denn oft entrollt er sich erst vor den Füßen. *Der beste Weg, die Zukunft vorherzusagen, ist jedenfalls, sie selbst zu gestalten.*

1. Der Verlust des Gewohnten

Es gibt eine Tatsache, die wir nicht wegdiskutieren können: Leben ist immer mit Wandel verbunden! Paradoxerweise ist der Wandel das Einzige, das wirklich beständig eintritt.

Viele Menschen versuchen diesem ständigen Wandel entgegenzuwirken und gehen nur auf den ausgetretenen Wegen des Alltags. Alles ist schon tausendmal gemacht, alles ist selbstverständlich. Wir müssen unsere Gehirnwindungen nicht strapazieren, denn es ist alles, wie es schon immer war.

Sterbenslangweilig?

In der Tat gilt es als bewiesen, dass die dauernde Routine, das Selbstverständliche im Leben, mit der Zeit jedes Engagement, jedes Gefühl einschlafen lässt.

Das bedeutet: Alles, was diese gewohnten Abläufe erschüttert, nützt auch. Ein Verlust kann daher auch neue Sichtweisen bringen – so sonderbar es klingt. Die Chance der Krise liegt in der *Notwendigkeit, das gewohnte Leben radikal überprüfen zu müssen.*

Nach der ersten Verwirrung probiert man einiges (ziemlich chaotisch) aus, um die Situation wieder in den Griff zu bekommen. Es wird immer klarer, dass man notwendigerweise etwas verändern muss, aber man kann das altgewohnte Muster noch nicht loslassen. Gespräche mit Freunden oder eine Therapie helfen oft aus dieser Situation.

Es wird dabei klar: *Veränderung geschieht durch Erfahrung, nicht durch Deutung!*

Es reicht nicht, dass man weiß, was man tun sollte. Es reicht nicht zu verstehen, dass etwas geändert gehört – *man muss es auch tun.* Um sich selbst einen »Schubs« zu geben, gehen Sie folgendermaßen ans Werk:

Wählen Sie nur eine einzige bisherige Grenze und gehen Sie einen einzigen Schritt weiter als bisher. Der nächste wird sich entwickeln!

Wenn Sie merken, dass die Richtung nicht ganz stimmt, können Sie noch sehr leicht an Ihren Ausgangspunkt gelangen. Und dann versuchen Sie eine andere Richtung – bis Sie spüren, dass es jetzt passt.

Vielfältige Erlebnisse (gute und schlechte) bringen Erfahrungen. Vieles kann es da zu entdecken geben:
➜ verborgene Ressourcen
➜ ausgeblendete Beweggründe und Themen, die man zurückgesteckt hatte, weil sie nicht in das gemeinsame Leben passten
➜ ungelöste Verstrickungen in alten Systemen
➜ irreführende Glaubenssätze
➜ alte Verwundungen

→ Hindernisse im persönlichen Wachstum, die lange unentdeckt blieben.

Nun erkennt man manchmal, dass man mit den bisherigen Strategien leider nicht weiterkommt, und muss sich eindeutig und aktiv Neuem zuwenden. Dabei gibt es natürlich auch immer wieder Irrwege und Fehler, die einem hoffentlich nicht den Mut rauben weiterzumachen. Diese Versuche sind nämlich oft eine Hilfe, die geeignete Strategie zu entwickeln. So kann man manchmal erstmals feststellen, welche ungeahnte Fähigkeiten man für neue Lösungsmöglichkeiten hat.

Das Wichtigste dabei: *Man lernt zu verstehen, dass man Krisen auch bewältigen kann und nicht verzweifeln muss.*

Und noch einmal: Es hat sich oft erwiesen, dass es ziemlich überfordernd ist, wenn man gleichzeitig Neues auf mehreren Gebieten ausprobiert. Also: eines nach dem anderen!

2. Aktivierung der Ressourcen

Ein wichtiges Schlüsselwort bei jeder Krise und Veränderung ist die »Aktivierung der Ressourcen«. *Was sind nun Ressourcen?*

In der Psychologie sind Ressourcen innere Potenziale eines Menschen und betreffen seine Fähigkeiten, Fertigkeiten, Kenntnisse, Erfahrungen, Talente, Neigungen und Stärken. Diese sind ihm oft selbst gar nicht bewusst. Erst durch veränderte Umstände oder durch die Aktivierung in einer Psychotherapie, die speziell »ressourcenorientiert« ist, kommen diese Fähigkeiten zur Geltung. Man spricht von einem »ressourcenorientierten Ansatz«, wenn nach den persönlichen Selbstheilungskräften des Einzelnen gesucht wird (also nach den gesunden und nicht nur nach den kranken Anteilen, wie es in den Anfangsjahren der Psychotherapie üblich war). Grundsätzlich sollten alle geeigneten Eigenschaften und Erfahrungen, die für eine Problemstellung irgendwie hilfreich sein könnten, nutzbar gemacht werden. Sie können nun als Kraftquellen eingesetzt werden, um den Heilungsprozess zu fördern oder um aus einer Trauer wieder aufzutauchen.

Verschüttete Ressourcen müssen also geweckt werden.

Die von einer Kollegin und mir entworfene »Tagebuchtherapie« wurde an anderer Stelle bereits erwähnt. Dabei wurde klar, dass das gezielte Beobachten der Umwelt unter bestimmten positiven Gesichtspunkten zu ganz neuen Erfahrungen führt. Die Welt sieht einfach anders aus, wenn man das Gute in ihr entdecken möchte, als wenn man dauernd nur nach dem Schlechten sucht. Das schriftliche Protokoll ihrer Mini-Erfolge ließ die oft niedergeschlagenen Klienten in der »Verhaltenstherapeutischen Station der Psychiatrischen Universitätsklinik Wien« von ihrer depressiven Verstimmung und dem schlechten Selbstwertgefühl Abstand nehmen. Sie erkannten, dass sie durchaus positive »Zeitgenossen« sein konnten. Viele Jahre waren sie mit einem verdrießlichen Gesicht und chronisch mieser Laune durchs Leben gegangen. Das bewusste Registrieren der guten Seiten weckte jetzt eine Ressource, die in ihnen geschlummert hatte und nun sanft geweckt wurde. In bescheidenem Maß lernten sie, sich auch über Kleinigkeiten zu freuen. Das war ein entscheidender Schritt in ihrem Alltag, denn *Freude ist eine der wichtigsten Ressourcen*.

Manchmal werden auch ganz praktische Fertigkeiten aus Mangel an Gelegenheit nicht eher entdeckt:

Als mein Vater starb, änderte sich sehr vieles im Leben meiner
Mutter. Neben den schmerzlichen Gefühlen musste sie nun
auch zahlreiche Entscheidungen selbst treffen. Was zuerst
mühsam für sie war, stellte sich mit der Zeit als ausgespro-
chenes »Futter« für ihr angeknacktes Selbstwertgefühl
heraus. Sie erkannte, dass einiges jetzt sogar besser lief und
dass ihre Entscheidungen sehr durchdacht und zielführend
waren. Sie entdeckte ihr (viele Jahre brachgelegenes) Organi-
sationstalent und konnte damit im Freundeskreis oder im
Pensionistenclub, den sie managte, punkten.

Aus den USA kam ein ähnlicher Ansatz: das »*Empowerment*«, der Weg zur eigenen Kraft. Empowerment geht ebenso davon aus, dass viele Fähigkeiten beim Menschen bereits vorhanden oder zumindest möglich sind. Man erkannte, dass jeder sein eigener und bester Fachmann ist: Er greift bewusst oder unbewusst nach den Lösungsansätzen, die schon im Inneren gespeichert sind – also nach den Ressourcen, den inneren Quellen. Bei dieser Suche nach den eigenen Ressourcen tun sich oft ungeahnte Möglichkeiten auf, und eine Menge unbegangener Wege sind zu entdecken. Schließlich lernt man (vielleicht zum ersten Mal), sich an den eigenen Stärken und nicht mehr nach den Wünschen der anderen zu orientieren.

3. Ein Lebensmotto kann auch geändert werden

Gleich zu Beginn eine Art »Gewissenserforschung«:

Nehmen Sie in einer ruhigen Viertelstunde (es darf auch länger sein) Schreibzeug zur Hand und werden Sie sich klar:
- *Habe ich ein Motto? Oder mehrere?*
- *Für mich allein?*
- *Und in der Gesellschaft oder Gemeinschaft?*
- *Ist eines meiner Mottos vielleicht das Gegenteil von dem, was die Eltern oder andere Bezugspersonen wollten? Ist es daher ein »Trotzmotto« (wie zum Beispiel »ich will keinesfalls so spießig, so fromm, so unreflektiert … werden wie sie!«)?*
- *Ist es vielleicht der Versuch, eine seelische Wunde zu heilen (wie zum Beispiel »ich möchte nie wieder so gedemütigt werden, so ›duckmäuserisch‹ leben …«)?*
- *Ist mein Motto der Versuch, ein Manko, eine Lücke zu füllen? Beginnt es mit »Ich möchte endlich …«, »Ich möchte einmal im Leben …«?*
- *Gibt es überhaupt ein Motto, das meinen wirklichen Fähig-*

keiten entspricht, oder orientiere ich mich an Regeln und Wünschen von anderen Menschen, die mir einmal einfach übergestülpt wurden?

- *Habe ich mir etwa selbst etwas auferlegt, das in Wirklichkeit mit meiner persönlichen Ausrüstung wenig zu tun hat, weil ich irgendwelchen Vorbildern nacheifern möchte?*
- *Und vor allem: Gibt es Leitsätze von mir, die sich bei näherer Betrachtung widersprechen und mich daher unweigerlich in Konflikt bringen müssen?*

Schreiben Sie alles auf. Vielleicht wollen Sie zu einem späteren Zeitpunkt wieder darüber nachdenken.

Jetzt ist der richtige Zeitpunkt, um ein Motto grundlegend zu ändern.

Um sich erfolgreich darauf einzustellen, muss man sich die drei Eckpfeiler jeder Veränderung wieder einmal klarmachen: Wahrnehmen – Wahrmachen – das Neue tun.

Und das sieht so aus:

➜ Als Erstes muss man die aktuelle *Wirklichkeit wahrnehmen.* Dazu muss man schonungslos hinsehen, »was ist«. Häufig ist einem das nicht ohne fremde Hilfe möglich, aber die Psychotherapie und Selbsterfahrungsgruppen können sehr nützlich sein, die althergebrachten und nun unpassenden Lebenseinstellungen zu identifizieren. Meist hat man sich so an die alten Leitsätze gewöhnt, dass es einem gar nicht auffällt, dass sie nicht die eigenen Fähigkeiten und Möglichkeiten zum Thema haben.

➜ Als zweiten Punkt muss man sich die *Ziele* (Loslassen von alten Vorstellungen etc.) und die *dazugehörigen Schritte* in aller Deutlichkeit klarmachen. Es geht nicht um irgendeinen wohlklingenden, aber verwaschenen Satz, sondern um die einzigartige, persönliche Vision, wie das »Morgen« gestaltet sein soll.

➜ Schließlich geht es um die *Umsetzung,* die den neuen Zielen

▸ 3. Ein Lebensmotto kann auch geändert werden

(oder zumindest einem Ziel) entspricht. Geben Sie sich die Chance, das Neue auszuprobieren – zumindest den ersten Schritt dazu.

Ziele wirken bekanntlich wie Wegweiser. Ohne klare Ziele reagieren viele Menschen oft nur auf das, was in ihrer Umgebung passiert, und kommen dabei, weil sie immer nur reagieren, nicht mehr dazu nachzudenken, was sie eigentlich selbst wollen.

Wenn man sich darüber im Klaren ist, was man wirklich will, kann man viel bestimmter den eigenen Weg gehen. Man gibt dem Innenleben *ein klares Bild davon, was Vorrang hat.* Diese eindeutige Botschaft ist notwendig, um wirksam zu funktionieren.

4. So kann Loslassen gelingen

Durchhaltevermögen ist eine Eigenschaft, die viele schätzen, auch wenn sie sich manchmal zum Nachteil auswirken kann. So wird oft übersehen, dass man an etwas festhält, das es schon lange in dieser Form nicht mehr gibt. Ein inneres Bild hat sich festgesetzt, eine Illusion, die der Realität schon lange nicht mehr standhalten kann. Es ist ein Stück Vergangenheit und gehört auch in den »Ordner Vergangenheit«. Dort ist es gut aufgehoben. Ob es sich nun um das gemeinsame Leben mit einem engen Gefährten handelt, das nun ausschließlich Frustrationen bringt, um eine berufliche Stellung, in der man im Laufe der Jahre immer mehr und mehr ausgenützt wurde – man sollte loslassen! Genauso läuft es bei einer Erinnerung an etwas Verlorenes ab, dem man ewig »nachweint«: Man hat es verloren und muss wohl oder übel die Veränderung annehmen. Manchmal hat man eine Menge investiert – Geld in die Firma oder Engagement in die Beziehung –, aber auch Investitionen können sich in Luft auflösen. Natürlich tut es weh, wenn man erkennen muss, dass man an dem Verlust vielleicht nicht ganz unschuldig ist, aber auch in diesem Fall muss man die Veränderung annehmen.

Ein Spruch von Reinhold Niebuhr dazu lautet:

*»Gott gebe mir die Gelassenheit, Dinge hinzunehmen, die ich
nicht ändern kann,
den Mut, Dinge zu ändern, die ich ändern kann,
und die Weisheit, das eine vom anderen zu unterscheiden.«*

Seit Charles Darwin wissen wir, dass sich *alle Lebewesen verändern*. Entgegen der früheren Annahme, dass sich nur die Größten, Stärksten in der Evolution behaupten können, haben viele
Wissenschafter mittlerweile nachgewiesen, dass vielmehr jene
Lebewesen die großen Klimaveränderungen überdauern konnten, die sich den neuen Lebensumständen anpassen konnten.

Gefragt ist also die Fähigkeit, sich immer wieder wandeln
zu können: die sogenannte *»Wandelkompetenz«*. Wir müssen
uns auf den Wandel einstellen. Es gibt kein Entrinnen – auch
wer sich gegen den Wandel stemmt, wird gewandelt (ob man es
nun will oder nicht!). Ein Wandel bringt völlig neuartige Sichtweisen, und diese wiederum helfen, Probleme zu lösen. Um dabei erfolgreich zu sein, muss man sich die drei Eckpfeiler (wie
oben beschrieben) klarmachen: Wahrnehmen – Wahrmachen –
das Neue tun.

Der in den letzten Jahren so oft gebrauchte Satz »Schauen wir
mal!« ist beim Wandel der ideale Begleiter. Er bedeutet, dass man
die vorgefassten Meinungen und alten Pläne einmal beiseite lässt
und genau hinsieht, was tatsächlich rundherum zu finden ist.
Manche sind dabei fast verblüfft – sie haben die Wirklichkeit un-
gewollt vor sich selbst verschleiert. Nun können sie ganz anders
reagieren. Neue Lösungsansätze können ausprobiert werden.

Diese Übung stärkt dabei:

Übung

Stellen Sie sich locker hin. Mit dem Einatmen steigen die Arme
vorne so lange hoch, bis die nach oben geöffneten Handflächen
fast Schulterhöhe erreicht haben. Denken Sie dabei: »Das Neue
steigt hoch.« Mit dem Ausatmen drehen sich die Handflächen nach
unten, die Arme werden abgesenkt und näher zum Körper ge-

bracht. Und Sie denken dabei: »Das Verbrauchte sinkt nach unten.«
Machen Sie einige Wiederholungen.

Verena Kast, eine Psychotherapeutin, die sich ausführlich mit dem Thema Verlust und dessen Verarbeitung auseinandergesetzt hat, prägte den Begriff »abschiedlich leben«. Sie meint: »Genieße das, was du heute hast, morgen ist es vielleicht vorbei. Dann kommt aber etwas Neues. Denn erst, wenn man die Hände wieder leer hat, kann man auch wieder etwas nehmen.«

Verena Kast weiß, dass es schwer ist, ehrlich in die Zukunft zu schauen: »Wenn wir einen eingeschlagenen Weg beharrlich immer weitergehen, obwohl wir wissen, dass wir in dieser Richtung keinen Schritt weiterkommen, dann wird das Leben nicht weniger vergänglich, es wird bloß weniger intensiv.«

Erwiesenermaßen belügen sich die meisten Menschen: In einer Reihe von Studien wurde nachgewiesen, dass mit einer notwendigen Entscheidung für ein bestimmtes Ziel auch viele Informationen ausgeblendet werden, die die Entscheidung infrage stellen könnten.

Was sollte man also tun, um sich besser ablösen zu können? Wer Probleme hat, sich von Dingen oder Erinnerungen zu lösen, kann einmal eine Trennung auf Probe versuchen. So kann man zum Beispiel Souvenirs und Fotos, die an einen Verlust erinnern, probeweise in eine Schachtel räumen. Damit kann man jene Distanz schaffen, die man braucht, um nicht immerzu alte Wunden aufzureißen. Wer eine Zeit lang ausgehalten hat, ohne die Schachtel wieder hervorzuholen, wird bereits eine Veränderung verspüren.

So kann die Loslösung schrittweise gelingen.

Für jene, die sowohl bei Beziehungen als auch bei Besitztümern immer festhalten müssen und sich beim Loslassen schwertun, ist folgende Miniübung sehr hilfreich (mit dieser Übung können Sie auch unangenehme Stimmungen oder das endlose Grübeln loswerden):

Übung

Ballen Sie beide Fäuste und erleben Sie dabei das kraftraubende Zusammenhalten. Dann lösen Sie die Hände mit einem Ruck und finden Sie die optimale Ruhelage der leicht gekrümmten Finger. Genießen Sie, dass die Hände nun untätig sein dürfen – solange Sie wollen und es Ihnen guttut!

Es ist uns mittlerweile klar, dass Loslassen ein Teil des Lebens ist. Um am Leben aktiv teilzunehmen, muss man sich immer wieder darauf einlassen und auch immer wieder loslassen. Eines ohne das andere kann nicht funktionieren.

»Sich häuten können« ist ein passendes Bild für Wandlung. Das bedeutet, dass man aus der alten Haut fahren und sie abwerfen muss, um eine neue Haut tragen zu können. Diese Lebensaufgabe ist grundsätzlich allen Menschen gestellt. Der neue Stil muss den anderen Lebensumständen gerecht werden. Immer wieder …

Was macht es uns so schwer, uns von überholten und unpassenden Idealbildern über das Verlorene zu verabschieden und aus dem, was das Leben zur Verfügung hat, zu schöpfen?

Es sind die alten Muster, die sich festgefressen haben.

Und wie komme ich davon los?

Vielleicht durch die folgenden Übungen:

Übung

Scham und Schuldgefühle, Verhaltensweisen, die die Lebensqualität beeinträchtigen, schlummern in der Tiefe von jedem Menschen. Auch wenn man glaubt, durch und durch modern zu sein, geistern manchmal überkommene Meinungen und Illusionen aus der früheren Generation in den Köpfen herum. Recherchieren Sie (wenn es irgendwie möglich ist) in alten Geschichten, Briefen, Fotos. Befragen Sie die noch lebenden »Zeitzeugen« über die Lebensumstände, in die Sie hineingeboren wurden. Sie werden staunen!

Und dann fragen Sie sich:

Was habe ich übernommen?

Möchte ich etwas zurücklassen?

Was hindert mich daran?

Schreiben Sie unbedingt alle Ihre neuen Erkenntnisse auf.

Danach sollten Sie die Hände unter das fließende Wasser halten. Wenn es möglich ist, duschen Sie und stellen Sie sich ebenfalls vor, wie das Wasser alle unguten Gefühle abtransportiert.

Übung

Altes loswerden und frei für Neues werden:

Sie halten beide Hände wie Schalen nach vorne. Dann geht eine Hand über die Schulter, gibt das »gelebte Leben« ab, geht wieder nach vorn und füllt sich mit neuem Leben.

Nun kommt die andere Hand dran, und sie geben abwechselnd etwa 10-mal Altes ab und tanken neu auf.

5. Was ein anderer Blickwinkel bringen kann ...

Ablösen ist meist für Menschen, die für einen Neustart jung und kräftig genug sind, leichter zu verkraften. Sie haben noch jede Menge Zukunftsvisionen vor Augen. Aber wie ist es für alle anderen?

 Margot hat ihr gutes Aussehen durch ihr Älterwerden, ihre Gebärfähigkeit durch den Wechsel und ihre Gesundheit durch eine schwere Krankheit verloren. Sie stellt sich nun die Frage, ob sie ausschließlich Verluste erlitten hat oder eventuell an Erfahrungen reicher geworden ist. Sie berichtet:

»Ich habe mit mir jede Menge Grenzerfahrungen gemacht. Ich weiß, dass ich mir körperlich weniger zutrauen kann als früher, und achte mehr auf Pausen. Ich habe gelernt, mich nicht mehr so unter Druck setzen zu lassen oder selbst zu setzen. Irgendetwas in mir kam ein Stückchen mehr zur Ruhe. Ich

wusste eines Tages, dass ich nicht mehr »musste«. Nämlich:
Ich muss nicht mehr alle Wünsche erfüllen, muss nicht mehr
›besonders‹ sein, muss nicht mehr Zuneigung nachjagen. Ich
habe auch einen besseren Umgang mit dem Unabwendbaren
und mit der eigenen Hilflosigkeit erworben. Die Einsicht, dass
nicht alles jederzeit machbar ist und man sich manchmal von
einer Zukunftsvision trennen muss, erachte ich als einen
Gewinn.«

Margot erkannte in der Folge, dass sie sich für den Rest des
Lebens neu orientieren und neue Ziele finden musste, um
nicht vorzeitig innerlich zu altern.

Manchmal ist es nicht gleich zu sehen: *In jedem Verlust verbirgt*
sich auch ein Gewinn! Etwas wird befreit und kann sich neu
entwickeln.

Wie bei dem abgenutzten Bild vom halb vollen und halb lee-
ren Glas sollte es möglich werden, beide Teile zu betrachten, sie
zu akzeptieren, ohne eine Seite verdrängen zu müssen. Es ist in
der Tat nicht einfach, die jahrzehntelang geübten Sichtweisen zu
verlassen. Wer immer das halb leere Glas angstvoll angestarrt
hat, wird ohne Krise keine Veranlassung haben, den Blick abzuwenden. Der Gedankenballast, der sich dadurch angesam-
melt hat, sollte daher unbedingt von Zeit zu Zeit durchgesehen
und entrümpelt werden. Was hat sich da alles Unbrauchbares
und Hinderliches an Meinungen und inneren Leitsätzen ange-
sammelt: alte Schuldgefühle, Schuldzuweisungen, Wut, Hass,
Rache und dergleichen. Manches muss man einfach akzeptieren
oder endlich loslassen. Es nützt niemandem, wenn man einer
vergangenen Beziehung ewig nachtrauert oder sich über missliche Umstände in der Kinderzeit ein Leben lang ärgert.

Auch bei einer Trennung sollte man von der ständigen Frage,
warum die Beziehung gescheitert ist oder der andere nicht mehr
mit einem zusammen sein will, Abstand nehmen. Der alte Groll
vergiftet nur das Innenleben!

Eine Übung dazu

Drehen Sie Ihre Sichtweise um und erweitern Sie dadurch den eigenen Spielraum:

Schreiben Sie auf einen Zettel fünf Persönlichkeitsmerkmale von Ihnen, die Sie selbst oder Ihre Umwelt negativ bewerten.

Und nun drehen Sie die Werte dieser Begriffe um. Sie stellen also das gebräuchliche Wertesystem auf den Kopf:

Aus »stur, halsstarrig« wird nun etwa »hartnäckig, zäh, treu, genau ...«

So erkennen Sie auch die Qualität Ihrer anderen Seiten.

Dasselbe können Sie auch mit Erfahrungen machen:

Der Verlust eines lieben Menschen (der Sie aber ständig »auf Trab« gehalten hat) war anfangs schwer zu verwinden. Jetzt aber merken Sie, dass Sie mehr zu sich finden.

Meine eigenen Erfahrungen sind sicher nicht zu verallgemeinern, ich möchte sie aber an dieser Stelle einflechten. Sie illustrieren, wie sich meine persönliche Sichtweise geändert hat:

Wie schon erwähnt, gab es in meinem Leben eine Reihe von Verlusten. Jeder hat ein bisschen etwas in mir verändert, ohne dass es mir sogleich und schnell auffiel. Aber nach einiger Zeit wurde mir jedes Mal klarer, dass mein Weg eine Wendung genommen hatte und in eine etwas andere Richtung weitergeht. Als mein Vater starb, war ich noch fast ein Kind. Viele Jahre danach versuchte ich, in seine großen »Fußstapfen zu treten«. Ich übernahm seine Hobbys und Interessen, wurde zur Sammlerin, weil mein Vater mit großem Engagement gesammelt hatte. Später las ich meine selbst verfassten Gedichte in jenem Schriftstellerverein, den er lange geleitet hatte. Ein Teil von ihm war (fast magisch) auf mich übergegangen.

Als meine Mutter starb, wurde mir allerdings sehr schnell klar, wie schnell die »irdischen Güter« (auch jene, die ich gesammelt oder geerbt hatte) untergehen und wertlos werden. Sogar die vielen, vielen Fotos, die sie gemacht hatte und die für meine Mutter wichtige Erinnerungen an schöne Stunden waren, interessierten nun niemanden mehr. Eine »Welt« ging von einem Tag auf den anderen unter.

Was blieb?

Nichts als die Liebe, Güte und Großzügigkeit, die meine Mutter versuchte an die nächste Generation weiterzugeben – in der Hoffnung, diese Wesenszüge mögen sich lebendig weiterentwickeln …

Meine engste und zackigste Wegbiegung (nach etlichen anderen) war ohne Zweifel der Tod meiner Tochter. Die Umstände waren so schmerzlich, dass ich mich immer mehr zurückzog. Was war nun noch wichtig auf dieser Welt, da es sie nicht mehr gab? Ich verlor die Freude an vielen Dingen, die mir früher etwas bedeutet hatten. War ich in einer Depression gelandet?

Aber dann merkte ich, dass mein Rückzug eine Art Reinigung war: Vieles, das ich nun zur Seite schob, war es tatsächlich nicht wert, mein Herz daranzuhängen. Nach und nach reduzierte ich sowohl die Dinge, die mich umgaben, als auch die Interessen, die eigentlich nicht mehr gültig waren. Ich hatte es einfach nicht bemerkt, dass vieles schon vorher nur mehr dünn und leblos war. Trotzdem hatte ich mit einer höchst fragwürdigen Treue daran festgehalten. Nun ging das Loslassen plötzlich viel leichter.

Noch bin ich von allerhand Ballast umgeben – aber ich bleibe dran …

6. Die Zukunftspläne sind tot – es lebe die Gegenwart

Fang den Tag
von heute
nicht mit den Scherben
von gestern an!
Der Tag von gestern,
alle Tage und alle Jahre von früher

sind vorbei,
begraben in der Zeit.
An ihnen kannst du nichts mehr ändern!

Früher neigte ich dazu, Pläne für die Zukunft zu machen. Ich malte mir ganz genau aus, wie irgendein bestimmtes Ereignis sein würde. Nun waren nicht nur angenehme Luftschlösser bei meinen Fantasien – einige Vorstellungen bereiteten mir auch Angst und machten mir das Leben schwer. Ich malte mir aus, was dieser und jener sagen und wie ich darauf reagieren würde.

Es kam praktisch immer anders!

Manchmal war die Realität eine Enttäuschung, andere Male aber auch eine Erleichterung.

Und noch etwas Zweites lernte ich aus der Tatsache, dass die fantasierte Zukunft ganz plötzlich zerstört werden kann: Ich schiebe nichts mehr auf!

Offenbar habe ich ein paar drastische Verluste gebraucht, um endlich wirklich zu begreifen, dass man nichts auf die lange Bank schieben soll. Die Wirklichkeit holt einen ein, und alle die unausgesprochenen oder ungeschriebenen Worte, all die Freuden, die man sich irgendwann gönnen möchte, alle die geplanten Reisen in ferner Zukunft können sich von einem Augenblick zum anderen in Luft auflösen. Die Nettigkeiten und die Geschenke, die man jemandem zugedacht hat, können sehr schnell ihren Adressaten verlieren. Die schönen Dinge und Kleider, für einen besonderen Anlass in der Zukunft, werden mitunter sinnlos.

Begraben wir unsere Zukunftspläne!

Heute ist heute, und das ist Anlass genug, diesen Tag zu feiern!

7. Eine neue Lebensfreude

Man könnte ganz nüchtern sagen: Glück ist nur eine biochemische Reaktion. Endorphine werden ausgeschüttet und wieder abgebaut. Nun jagt aber die ganze Welt dieser biochemischen Reaktion nach – jeder will glücklich sein. Nur wenige schaffen es, und wenn, dann auch nur kurz. Es gibt allerdings einige Tipps, die dazu verhelfen, öfter und länger glücklich zu sein:

→ Führen Sie ein Glückstagebuch. Schreiben Sie die angenehmen Momente des Tages auf. Es tut gut, sie schriftlich festzuhalten, bevor sie wieder vergessen werden.
→ Gönnen Sie sich immer wieder einen kurzen Rückzug. Er bringt Klarheit, ob Sie im Moment auf dem richtigen Weg sind.
→ Suchen Sie das Glück nicht nur im Konsum. Es ist besser, die Dinge, die man hat, zu nützen, als immer wieder Neues anzuschaffen.
→ Investieren Sie in Erlebnisse.
→ Bewegung baut Stress ab.
→ Vergleichen Sie sich nicht mit anderen.
→ Kontrollieren Sie Ihre negativen Gedanken (siehe »Gedankenstopp« an anderer Stelle des Buches).
→ Üben Sie, für die guten Erlebnisse des Alltags dankbar zu sein. Der verarbeitete Verlust lässt bei manchen Menschen erstmals klar werden, dass nichts im Leben selbstverständlich ist, und diese Einsicht bringt eine neue Dankbarkeit hervor.

Wie man sieht, ist Glück trainierbar – wir können versuchen, *positive Gefühle wachzurufen*. Die Erwartung eines freudigen Ereignisses schüttet dann im Gehirn die oben genannten Endorphine aus. Angenehme Gefühle steigen hoch und können Stress und Ärger direkt entgegenwirken.

Aus dem gleichen Grund kann auch eine Massage über die körperliche Wirkung hinaus seelisch Wunder wirken, Einsamkeit und Niedergeschlagenheit spürbar lindern.

Gedankenimpuls
Jetzt ist nicht die Zeit, daran zu denken, was du nicht hast.
Überlege, was du mit dem anfangen kannst, was da ist.
(Ernest Hemingway)

Kleine Kinder haben alles zur Verfügung für sinnliche Genüsse. Sie können staunen, und sie sehen, hören, fühlen, riechen, schmecken mit ganzer Aufmerksamkeit. Wenn dann in der Pubertät die Hormone die Sexualität in den Mittelpunkt des Interesses rücken, wird oft verlernt, die leisen Impulse wahrzunehmen. Wichtig sind dann vor allem alle sexuell getönten Eindrücke. Vieles, das rund um uns geschieht, wird unbewusst gefiltert. Die Wahrnehmungen, die nicht zu einer gewissen sexuellen Stimulation führen, werden im täglichen Leben oft ausgesondert. Sport hat zum Beispiel bei vielen jüngeren Menschen einen sehr hohen Stellenwert. Sport lässt den Körper in seiner Kraft und Wärme spüren. Das erhöht das Gefühl für die eigene Leiblichkeit und fokussiert die Gedanken auf Körperliches. Ähnliche Vorgänge gibt es bei rhythmischer Musik: der Körper schwingt förmlich mit und pulsiert.

Später, beim älteren Menschen, wenn die Sexualität in den Hintergrund tritt, wäre es an der Zeit, *die Sinnlichkeit* wieder langsam von der Sexualität zu entkoppeln. Es gibt doch so vieles zu entdecken. Die Natur bietet eine Fülle an Freuden, die man selbst dann noch genießen kann, wenn man gesundheitlich eingeschränkt ist: die Vogelstimmen, die verschiedenen Grüntöne, die die Sonne durch die Blätter zaubert, oder das Plätschern des Wassers. Musik, Malerei, Bücher können wieder wichtiger werden. Die Eindrücke auf Reisen werden manchmal viel intensiver erlebt als früher, und die Theaterstücke bieten endlich Gelegenheit, dass man sich Zeit nimmt, darüber nachzudenken und nicht gleich zum Stress des Alltags zurückkehren muss.

Der Witz, dass Essen der Sex des Alters sei, hat schon einen wahren Kern. Aber ist es nicht viel schöner, sich in Ruhe zu Tisch zu setzen, als auf der Straße im Eilen eine Schnitzelsemmel »hinunterzuwürgen«?

8. Tipps für einen neuen Zugang nach innen und nach außen

Die folgenden Überlegungen betreffen keineswegs nur Menschen, die einen nahen Angehörigen verloren haben, sondern auch alle anderen, die einen Verlust im weitesten Sinn zu verarbeiten haben. Zum Beispiel sind alle frisch Pensionierten in einer sehr ähnlichen Situation, denn sie haben die Regelmäßigkeit im Alltag, die Anerkennung durch ihre Kollegen und manchmal auch den Sinn ihres Lebens verloren. Oder Herzinfarktpatienten, die ihr Leben nun radikal verändern müssen, stehen ebenfalls vor der Situation, sich völlig neu orientieren zu müssen. Und eine Hausfrau und Mutter, die im Dienst an ihren Junioren ihren Lebensinhalt gefunden hatte, steht beim Auszug des Jüngsten vor einem Scherbenhaufen. Sie hat sich meist nicht auf ein Leben »danach« vorbereitet.

Für sie alle gilt: Menschen mit Verlusterlebnissen sollten unbedingt in drei Richtungen vorsorgen, nämlich

➜ sich besser vernetzen,
➜ sich selbst genug werden und
➜ gut zu sich selbst sein.

Sich besser vernetzen

In den 60er-Jahren, als mein Vater starb, war es für meine Mutter noch ziemlich schwierig, ihre gesellschaftlichen Kontakte aufrechtzuerhalten. Damals haben sich Frauen noch sehr über ihre Ehemänner definiert. Wer einen Mann hatte, achtete wachsam darauf, ihn nicht so leicht zu verlieren. Auf

einzelne, anhanglose Frauen und jüngere Witwen blickte man eifersüchtig und hielt sie eher auf Distanz.

Der Freundeskreis meiner Mutter bestand ausschließlich aus Ehepaaren, und man ließ sie spüren, dass sie nun nicht mehr dazu passte. Sie zog sich zurück und musste notgedrungen langsam einen neuen Kreis von Frauen aufbauen.

Heute ist es, so scheint mir, wesentlich einfacher: Mit einer größeren Mobilität der Familienstrukturen bestehen Freundeskreise aus Singles, Geschiedenen, Getrennten, Verwitweten, Lebensabschnittspartnern und auch einigen Paaren. Die Zusammensetzung ändert sich zeitweise, und das ist auch gut so.

Dennoch passiert es immer wieder, dass sich Paare abkapseln und viele Aktivitäten gemeinsam und ohne andere Freunde machen. Im Fall eines Verlustes ist es für den Paarteil, der übrig geblieben ist, oft schwierig, aus der Isolation herauszukriechen. (Wir sahen ja im Kapitel über die »Anker«, dass es äußerst sinnvoll ist, sich nach mehreren Seiten abzusichern.) Wenn dieser Umstand auch von außen gesehen wird, ist es gut, wenn Freunde wiederholt Einladungen zu diversen gesellschaftlichen Aktivitäten aussprechen. Kino- oder Theaterbesuche, gemeinsame Ausflüge, Vorträge, Heurigenbesuche in der Gruppe, sportliche Unternehmungen (vom Eisstockschießen bis zum Powerwalking), Seminare und vieles andere mehr sind nun angesagt. Zum einen fallen diese Impulse vielleicht auf fruchtbaren Boden und werden zu echten Hobbys, zum anderen ist es gerade in dieser Zeit der Angst vor Einsamkeit wichtig zu spüren, dass es Menschen gibt, die einen nicht vergessen haben.

Aber auch wenn es keine speziellen Einladungen gibt, kann, soll und muss man einen neuen Bezugsrahmen suchen und finden. Immerhin fußt ein Gutteil der Identifikation eines Menschen auf seiner Zugehörigkeit zu Bezugsgruppen. Zum Beispiel ist man Teil einer Religionsgemeinschaft, einer politischen Partei, eines Kulturkreises, einer Gruppe von Umweltaktivisten, einer Arbeitsgemeinschaft, Mitspieler in einer Fußballmannschaft, einer Band oder einer Theatergruppe, Teil eines Nachbarschaftsnetzwerkes, eines Chores oder einer Wandergruppe. Schließlich gibt es noch ehemalige Schulkollegen, alte Freunde und Verwandte. Es gehört zum Menschsein dazu, sich als ein Teil eines Gefüges zu erleben. Wer keinen familiären Rückhalt hat, ist daher gut beraten, wenn er sich Gruppen, Vereinen, Kirchen etc. anschließt. Gerade an schwierigen Tagen (wie zum Beispiel dem Todestag des Verstorbenen) ist es hilfreich, sich aus dem bestehenden Freundeskreis einen verständnisvollen Menschen einzuladen oder nahestehende Personen zu besuchen.

Unter Umständen kann es gut sein, einen *neuen* Annäherungsvorgang zu wagen. Wenn man in letzter Zeit bemerkt hat, dass der Freundeskreis nicht mehr passt, dass die Beziehungen schädigend und aussaugend waren, dass man seine Zeit vergeudet hat, ohne auch Kraft aus den Kontakten zu schöpfen, ist der richtige Zeitpunkt da, diese Beziehungen gezielt »einschlafen« zu lassen. Die Zäsur in den Kontakten ist auch eine Chance, sich neu zu vernetzen.

Wenn der Bekanntenkreis zu klein geworden ist und man ihn erweitern möchte, gibt es heute eine Anzahl von Möglichkeiten: Allen voran ist die einschlägige *Selbsthilfegruppe*, aber auch frühere Bekanntschaften können wiederbelebt werden. Sportvereine, diverse Arten von *Hobby- oder Kulturvereinen* sowie schließlich das *Internet* können das Netz an guten Kontakten beleben und intensivieren.

➜ Der Umgang mit *jungen Leuten* tut oft besonders gut, weil er neue Einsichten in das heutige Leben eröffnet. Kümmern Sie sich daher rechtzeitig um die Nichten und Neffen.

➜ *Ehrenamtliche Tätigkeiten* bringen ebenfalls Kontakt mit Menschen, die ganz anders leben als man selbst. Sie lenken vom eigenen Schicksal ab und bringen neue Erfahrungen.

➜ Jedenfalls sollte man sich nicht scheu von jedem Gespräch zurückziehen. Auch durch Small Talk bekommt man Bekannte. Also: *Mischen Sie sich ein!*

→ Schließlich kann man sich auch einen *Hund* kaufen. Ganz abgesehen davon, dass er oft der beste und einfühlsamste Freund ist, wundere ich mich immer wieder, wie schnell Hundebesitzer miteinander ins Gespräch kommen!

Sich selbst genug werden

Neben dem bewussten Vernetzen ist ein weiterer Eckpfeiler der zukünftigen Zufriedenheit eine sinnvolle und befriedigende Beschäftigung »allein im Kämmerchen«! Endlich haben Sie wieder Zeit für Ihre Hobbys und müssen auf niemanden Rücksicht nehmen! Holen Sie alles nach, was Sie in der letzten Zeit zurückgestellt haben. Genießen Sie Ihre Freiheit in vollen Zügen!

Wie oft glauben Menschen, dass sie die emotionale Wunde einer Trennung nur schmerzfrei bekommen, indem sie möglichst schnell wieder eine neue Beziehung eingehen (manchmal auch unter beträchtlichen Einbußen und Zugeständnissen). Sie geben sich dabei aber nicht die Chance zu bemerken, dass sie eigentlich erstaunliche Kraftreserven haben, um die neuen Lebensumstände auch allein zu verarbeiten.

Besonders anzuraten sind Tätigkeiten, die neben der lustvollen Beschäftigung gleichzeitig ein Ventil für die aufgestauten Gefühle sind. Vielfach erprobt ist zum Beispiel das Malen oder Zeichnen. Ebenso wie beim Schreiben kann man sich selbst den Schmerz von der Seele nehmen. Auch Singen kann manchmal Wunder bewirken, wenn man dadurch die Angst herauslassen kann. Außerdem hat die Resonanz eine wohltuende Wirkung auf den gesamten Körper.

Neben den nahezu therapeutischen Tätigkeiten gibt es auch andere, bei denen es sogar angenehm ist, allein zu sein: Beim Lesen oder bei Körperpflegestunden (die sich sogar zu einem kleinen Ritual ausweiten können) ist es schön, ungestört zu sein.

Es lassen sich Interessen kultivieren, die wetterunabhängig zu Hause zu allen Zeiten möglich sind. Wer nach einem ausgleichenden Hobby sucht, muss vielleicht nur ein bisschen in die Vergangenheit gehen: Sicher gibt es alte Wünsche, die man schon lange realisieren möchte: vom Basteln, Sammlungen anlegen, Kuchen backen bis zum Musizieren.

Und natürlich gibt es die Outdoor-Aktivitäten, die auch allein Spaß machen. Allen voran das zurzeit so in Mode gekommene »garteln«, bei dem man ungestört gestalten und den Pflanzen beim Wachsen zusehen kann (Gartenarbeit kann besonders beruhigend sein), und natürlich viele Sportarten. Sofern man nichts Gefährliches unternehmen möchte, bei dem es sinnvoll ist, aus Sicherheitsgründen zumindest einen Zweiten dabei zu haben, ist die Lust, seinen Körper zu spüren, keineswegs an Gesellschaft gebunden.

Es gibt so viele Möglichkeiten, dass eigentlich jeder, gleichgültig ob Mann oder Frau, Jung oder Alt, aus Stadt oder Land, etwas finden kann – angenehm, lustvoll und vor allem unabhängig.

Gut zu sich selbst sein

Wenn man anfängt, sich »arm« zu fühlen, muss man selbst etwas für sich tun! Manche Menschen trauen sich fast nicht, sich etwas zu gönnen. Besonders jene, die einen entbehrungsreichen Alltag hinter sich haben, vielleicht jahrelang einen Kranken, Alten oder Behinderten pflegten, haben mittlerweile verlernt, liebevoll mit sich selbst umzugehen. Doch jetzt kommt es nur auf einen selbst an: Selbst geschenkte Blumen, ein Kinobesuch, eine neue Bluse, eine Massage oder einfach die Frühlingssonne auf einer Bank genießen, und das alles ohne Schuldgefühle, wirken manchmal Wunder.

Die Sinne sind das beste Mittel, um von inneren Grübeleien abzulenken und sich wieder lustvoll der Außenwelt zuzuwenden. Wir haben ein ganzes Arsenal an wunderbaren Möglichkeiten, mithilfe derer wir immer wieder unsere Energie aufbessern können: die Sinne. Damit können wir uns tatsächlich leib-seelisch »ernähren«. Im Talmud (dem bedeutenden Schriftwerk des Judentums) schuldet die Seele Gott Rechenschaft für jede erlaubte Freude, die sich der Mensch ohne große Not entgehen lässt.

▸ 8. Tipps für einen neuen Zugang nach innen und nach außen

Unsere Sinne geben uns die Möglichkeit

➜ zu sehen,

➜ zu hören,

➜ zu riechen,

➜ zu schmecken und

➜ über den ganzen Körper zu fühlen.

Wenn es also darum geht, sich selbst etwas Gutes zu tun, dann sollte man sehr genau und achtsam auswählen:

Welche angenehmen und positiven Bilder will man seinen Augen zumuten?

Was soll über den Kanal des Hörens in die Seele gelangen?

Welche Gerüche erwecken persönliche gute Gefühle?

Was soll den Geschmackssinn erfreuen?

Und welche vielfältigen Materialien bringen über die verschiedenen winzig kleinen Empfindungsorgane der Haut sinnliche Genüsse?

Es gibt sogenannte T-Zellen in unserem Organismus. Sie sind unter anderem für die Immunabwehr zuständig. Das bedeutet, dass sie steuern, ob man krank oder gesund ist oder wird. Es ist wissenschaftlich erwiesen, dass die Anzahl dieser Zellen zunimmt, wenn man etwas Schönes erlebt, und dass sie abnimmt, wenn man sich mit Belastendem (zum Beispiel auch mit Gewalt im Fernsehen) beschäftigt.

Folgende Interventionen können helfen, die T-Zellen zu vermehren:

➜ Machen Sie sich jeden Abend vor dem Schlafengehen ein Kompliment, das sich auf den zurückliegenden Tag bezieht. Alles, das nicht so gut gelaufen ist, lässt man barmherzig in der Versenkung verschwinden.

➜ Autosuggestionen sind eine wirkungsvolle Form von Unterstützung, die man sich selbst gibt.

Sie brauchen nur die eigene Erlaubnis, sich von der Umwelt für einige Zeit zurückzuziehen. Das bedeutet, dass man die »Antennen« der eigenen Sinne wie riechen, sehen oder hören, die sonst nach außen gerichtet sind, »einfährt«. Zehn tiefe Atemzüge, denen man beobachtend folgt, können dabei eine Hilfe zum »Umschalten« sein. Die Aufmerksamkeit kann sich dem Innenleben zuwenden. Nun sind sogenannte »innere Sätze«, die man schon vorher vorbereitet hat, an der Reihe.

Diese Sätze, die positiv formuliert sind (also kein »nicht« enthalten), stärken und machen das Leben lebenswerter. Sie sollen in der jeweils individuellen Formulierung Bereiche ansprechen, die ein gutes Gefühl vermitteln: also zum Beispiel Lebenszufriedenheit, Lebensfreude, Glück, Geborgenheit, Vertrauen, Selbstvertrauen, Optimismus, Freude, Hoffnung, Akzeptanz, Dank, Lust oder Zuneigung. Etwa

➜ »Ich darf es mir gut gehen lassen«
➜ »Ich freue mich«
➜ »Ich vertraue auf meine Kräfte«
➜ »Ich hoffe, dass alles gut wird«
➜ »Ich bin zufrieden«

oder auch ein Satz, den man vielleicht irgendwo gelesen und von dem man sich spontan angesprochen gefühlt hat:

➜ »Ich wende mein Gesicht der Sonne zu, dann werden die Schatten hinter mich fallen.«

Wer sich mehrmals mittels einer Autosuggestion gestärkt hat, wird merken, dass sich etwas im Innenleben in die gewünschte Richtung entwickelt.

9. Ein Wort auf den Weg ...

Manche Menschen fragen sich: »Was ist ein gutes Leben?« Aber diese Frage lässt sich nicht so leicht beantworten, denn die Antworten sind so persönlich und vielfältig, wie es Fragende gibt.

Weniges aber scheint sich immer wieder zu bewahrheiten. Nämlich:

»Lebenskunst ist die Kunst, mit sich selbst glücklich zu sein«

und

»Glückliche Menschen haben vermutlich nicht immer das Beste vom Besten – aber sie machen das Beste aus allem, was ihnen widerfährt.«

Wenn man nicht wartet, dass die Tür aufgeht und ein Wunder geschieht, sollte man am besten selbst diese Tür öffnen.

Der nächste Schritt ist der erste eines neuen Weges.

Noch sieht man nicht, wie er verlaufen wird. Die Sicht ist vielleicht versperrt und Unsicherheiten kommen hoch.

Einen Fuß vor den anderen setzen …

Und irgendwann macht der Weg eine Krümmung und man kann ein bisschen um die Wegbiegung herumsehen. Wenn man ein paar Schritte gegangen ist, vielleicht auf steinigem Grund, hat man neue Erfahrungen gemacht und fühlt sich irgendwie gestärkt.

Und man weiß plötzlich, dass man vertrauensvoll in die Zukunft sehen kann …

LITERATURVERZEICHNIS

Asgodom S.: 12 Schlüssel zur Gelassenheit. Goldmann 2008

Bowlby J.: Verlust, Trauer und Depression. Kindler, München 1987

Buchmann K. E.: Traumabewältigung durch Schreiben (und Reden). In: Entspannungsverfahren 18/2001

Damásio A. R.: Ich fühle, also bin ich – Die Entschlüsselung des Bewusstseins. List, München 2000

Grossmann K. E. (Hrsg.): Bindung und menschliche Entwicklung: John Bowlby, Mary Ainsworth und die Grundlagen der Bindungstheorie. Klett-Cotta, Stuttgart 2009

Hesse H.: Geheimnis der Seele. Herder, Freiburg 2002

Jerneizig R., Langenmayr A. & Schubert U.: Leitfaden zur Trauertherapie und Trauerberatung. Vandenhoeck & Ruprecht, Göttingen 1991

Kachler R.: Meine Trauer wird dich finden. Ein neuer Ansatz in der Trauerarbeit. Kreuz Verlag, Stuttgart 2005

Kast V.: Trauern. Phasen und Chancen des psychischen Prozesses. Kreuz Verlag, Stuttgart 1982

Kast V.: Loslassen und sich selber finden. Herder, Freiburg 1991

Kast V.: Zeit der Trauer. Phasen und Chancen des psychischen Prozesses. Kreuz Verlag 2006

Kast V.: Sich einlassen und loslassen. Neue Lebensmöglichkeiten bei Trauer und Trennung. Freiburg, Herder 1994, 2008

Kübler-Ross E.: Über den Tod und das Leben danach. 10. Auflage. Silberschnur Verlag, Güllesheim 2002

Kübler-Ross E.: Interviews mit Sterbenden. Droemer Knaur, München 2001

Kübler-Ross E.: Reif werden zum Tode. Knaur-Taschenbuch, München 2004

Kübler-Ross E.: Leben, bis wir Abschied nehmen. 4. Auflage. Gütersloher Verlagshaus Mohn, Gütersloh 1991

Lammer K.: Trauerbewältigung. Wie man anderen und wie man sich selber helfen kann. Zeitschrift Lernort Gemeinde, Heft Juni 2005

Lammer K.: Trauer verstehen: Formen, Erklärungen, Hilfen, Neukirchen-Vluyn 2004.

Lazarus A., Lazarus C. N., Fay A.: Fallstricke des Lebens. Klett-Cotta 1996

Moeller M. L.: Sich selbst überleben. Kursbuch 70, 71–99. Rotbuch, Berlin 1982

Morschitzky H.: Angststörungen. Diagnostik, Therapie, Selbsthilfe. Springer, Wien 2002

Moser M.: Zurück zur Freude. Statt einsam wieder lebensfroh. Kneipp-Verlag, Wien 2008

Okoro J.: Die Sonne geht an keinem Dorf vorüber. Leben mit dem Schmerz des Abschiedes. Verlag Styria, Graz 2009

Richter H.-E.: Umgang mit der Angst. Hoffmann und Campe, Hamburg 1992

Rehberger R.: Verlassenheitspanik und Trennungsangst. Klett-Cotta, Stuttgart 1999

Russi Florian (Hrsg.): Im Zeichen der Trauer. Tröstungen für Hinterbliebene. Bertuch, Weimar 2006

Sammer U.: Wendezeit Wechseljahre. Walter, Solothurn, Düsseldorf 1995

Sammer U.: Halten und Loslassen. Walter, Solothurn, Düsseldorf 1997

Sammer U.: Liebesfallen. Rainbow, Aachen 2002

Sammer U.: Kinder werden flügge. Knaur, München 2004

Sammer U.: Verlustangst und wie wir sie überwinden. 3. Auflage, Klett-Cotta, Stuttgart 2010

Schibilsky, M.: Trauerwege – Beratung für helfende Berufe. Patmos Verlag, 5. Auflage, Düsseldorf 1996

Schiff H. S.: Verwaiste Eltern. Kreuz, Stuttgart 1997

Smeding R. / Heitkönig-Wilp M. (Hrsg.): Trauer erschließen – eine Tafel der Gezeiten. Der Hospiz Verlag, Wuppertal 2005

Student J.-C. (Hrsg.): Sterben, Tod und Trauer – Handbuch für Begleitende. Herder, 2. Auflage, Freiburg 2006

Spiegel Y.: Der Prozeß des Trauerns. Analyse und Beratung. Gütersloh 1973

Siems M.: Souling – Mehr Liebe und Lebendigkeit. rororo, Reinbek bei Hamburg 1997

Sonneck G. (Hrsg.): Krisenintervention und Suizidverhütung. Facultas, Wien 1997

Sonnenmoser M.: Hinterbliebene nach Suizid: Komplizierte Trauer. PP 4, Ausgabe September 2005

TrauerInstitut Deutschland e.V. (Hrsg.): Qualität in der Trauerbegleitung. Dokumentation der 2. NRW-Trauerkonferenz. Der Hospiz Verlag, Wuppertal 2003

Winter S., Brockmann E., Hegerl U.: Die Situation Hinterbliebener nach Suizid. Verhaltenstherapie 2005, 15

Wittkowski J.: Psychologie des Todes. Darmstadt: Wissenschaftliche Buchgesellschaft 1990

Wolf, D.: Einen geliebten Menschen verlieren. PAL Verlag, Mannheim 2004

Worden J. W.: Beratung und Therapie in Trauerfällen. Ein Handbuch. Huber Verlag, Bern 1986

Znoj H.: Komplizierte Trauer. Hogrefe Verlag, Göttingen 2004